웃고 살면 극락이다.

　사람에 따라서, 생각하기 따라서 다르겠지만 우리가 살아가는 이 현실이 그리 수월하거나 문문하지만은 않다. 어찌 보면 정말 너무 힘들고 괴로운 나날이다. 자식을 두었어도 효도는 고사하고 여간해선 결혼도 않고 결혼 뒤에도 자식도 안 낳고 부모의 돈이나 유산을 노리다 못해 부모를 때리거나 심지어 죽이는 사례도 있다. 부부간에도 불화 끝에 서로 때리거나 죽이는 일이 얼마든지 있다. 급격한 노령화 사회에 황혼이혼은 일본을 앞지르고 자살 율은 OECD 국가 중에 최고라고 한다.
　분단된 우리의 현실은 부익부 빈익빈, 남북 대치, 남남갈등, 친미와 친북, 보수와 진보의 암투까지 정말 마음 편할 날이 없다.
　아무튼 이렇게 풍진 세상, 그러나 좀 웃어가며 재미있게 살 방도는 없을까 하고 궁리한 끝에 길지는 않되 재미있게 웃기는 이야기, 곧 유머로 된 콩트를 좀 써보는 것이 어떨까 하는 착상을 하게 된 것이다.
　소설이 물론 중후한 주제, 긴밀한 구성, 그리고 감칠맛 나는 문장이 그 핵심 요소라고 하지만 공연히 길거나 난삽하기만 한 소설도 문제다.
　같은 유머라도 정말 재미있고 너무 길지 않은 소설(콩트)로 만드는데 나름대로의 구성력과 문장력으로 가다듬고 다시 엮어 365편을 한데 묶은 노력이 이 책을 만든 색다른 작업이었다.

생각하면 우리가 삼라만상, 많고 많은 다겁의 인연 가운데 사람이라는 존재의 생을 얻어 하루하루 살아간다는 것이 얼마나 대단하고 고마운 노릇인가.

지금 이 순간이 가장 행복한 시간이고 지금 이 곳이 가장 멋진 공간이며 지금 내가 만나고 있는 이 사람이 가장 소중한 사람이라고도 한다. 더구나 웬만큼 살다 보면 우리가 남을 미워할 시간도 남을 사랑할 시간도 너무 없어 안타까울 뿐이다.

그런 아까운 나날을 1년 내내 기왕이면 웃고 살자는 의미에서 꼭 365편의 이야기로 꾸민 콩트집이 이 책이다.

솔직히 날마다 웃고 재미있고 편하게 살면 극락이요, 미워하고 화내고 싸우며 살면 지옥이다.

인생이 덧없고, 지겹고, 너무 괴로워 허송세월을 하거나 차라리 자포자기하고 싶은 분들, 삶이 번거로워 잠이 안 오거나 아무 의미가 없다고 느끼는 분들, 부질없이 먼 길 가는 나그네가 되어 공연히 따분하기만한 분들, 이런 분들에게 이 책이 그런대로 위로와 웃음을 주는 구수한 말벗이 되고 길동무가 되어주었으면 좋겠다.

이 힘든 풍진 세상, 그러나 결코 길지 않은 인생 날마다 웃으며 삽시다.

2017(정유)년 여름에
김 하하 〈유머 연구회 대표〉

/ 차례 /

▶ 제1장 신혼여행만 오면

⟨1-01⟩ 남자들은 꼭 그걸 묻더라 /12   ⟨1-02⟩ 개도 서울 가려나 봐요 /12
⟨1-03⟩ 남의 살맛 /14   ⟨1-04⟩ 맞바람 /14   ⟨1-05⟩ 왕의 청혼 /15
⟨1-06⟩ 그렇게 비싼 걸? /16   ⟨1-07⟩ 저녁밥은 따뜻하게 /17
⟨1-08⟩ 직접 받아 가셔야 /18   ⟨1-09⟩ 때리는 남자 /19
⟨1-10⟩ 실습용 교재 /20   ⟨1-11⟩ 뼈맛을 못 보다니 /21
⟨1-12⟩ 칼 없어도 되는데 /22   ⟨1-13⟩ 총각, 오늘은 소죽통 안 빌리러 와? /23
⟨1-14⟩ 이런 방식도 있어유? /25   ⟨1-15⟩ 할머니의 묘비명 /26
⟨1-16⟩ 천생연분 /27   ⟨1-17⟩ 죽은데 말고 /29
⟨1-18⟩ 신혼여행만 오면 /29   ⟨1-19⟩ 사위랑 한 잔 한다 /30
⟨1-20⟩ 그래도 길이 멀더냐? /31   ⟨1-21⟩ 아버지 닮아서 /33
⟨1-22⟩ 남자의 침대 /34   ⟨1-23⟩ 그 아내에 그 남편 /35
⟨1-24⟩ 아내 찾기 /36   ⟨1-25⟩ 총 맞은 흔적 /36
⟨1-26⟩ 곱단이의 시재(詩才) /38   ⟨1-27⟩ 어찌 옆집 아저씨가? /40
⟨1-28⟩ 추가 그림 /41   ⟨1-29⟩ 누룽지 효과 /42
⟨1-30⟩ 작은 것과 큰 것 /43   ⟨1-31⟩ 오리 알을 낳았다구요 /44

▶ 제2장 미국 놈도 이만 못해

⟨2-01⟩ 자네나 말조심 하게 /46   ⟨2-02⟩ 미친놈 여기서 무슨 고기를 /47
⟨2-03⟩ 짐승만도 못한 놈 /48   ⟨2-04⟩ 어떤 남자랑 대화하나? /50
⟨2-05⟩ 벌써 한 달이 갔으니 /50   ⟨2-06⟩ 결재는 해동이나 돼야 /51
⟨2-07⟩ 싼 여자 구하셨네 /53   ⟨2-08⟩ 이제야 명관 하나 왔구나 /53
⟨2-09⟩ 그 집이라고 않겠어요? /55   ⟨2-10⟩ 그 짓은 못해 /56
⟨2-11⟩ 줄 게 있어야지 /57   ⟨2-12⟩ 언젠가 이런 날이 /58
⟨2-13⟩ 할머니의 영어실력 /59   ⟨2-14⟩ 유통기간 /59
⟨2-15⟩ 왜 연상의 여인을 /60   ⟨2-16⟩ 고구마 막 /60
⟨2-17⟩ 그것도 외입이라고 /61   ⟨2-18⟩ 한 껍질 벗기지는 않죠 /63
⟨2-19⟩ 공이 있으면 안 되지 /64   ⟨2-20⟩ 돈가스 고기 /64
⟨2-21⟩ 나그네의 실망 /65   ⟨2-22⟩ 그때 사진 박을 걸 /67
⟨2-23⟩ 좌우간 코는 코다 /68   ⟨2-24⟩ 게시판 그림 /69
⟨2-25⟩ 미국 놈도 이만 못해 /70   ⟨2-26⟩ 어머니가 대신 해보슈 /71
⟨2-27⟩ 기차놀이 /72   ⟨2-28⟩ 홍합과 송이 /74

▶ 제3장 나만 영감 있잖아

⟨3-01⟩빨아보라는 놈은 봤어도 /78   ⟨3-02⟩당신 정신 차례! /78
⟨3-03⟩직업 본능 /80   ⟨3-04⟩영어라도 잘 했지 /81
⟨3-05⟩나만 영감 있잖아 /82   ⟨3-06⟩시어머니의 질책 /82
⟨3-07⟩모텔 뒷문 /83   ⟨3-08⟩의사가 죽었다면 /84
⟨3-09⟩충청도 노부부 /85   ⟨3-10⟩10에 뭐가 붙었는데 /86
⟨3-11⟩갓끈 뗀 이야기 /87   ⟨3-12⟩미국에서 제일 /88
⟨3-13⟩시간 있으세요? /89   ⟨3-14⟩유부녀면 최고지 /90
⟨3-15⟩밑에다 깔아! /90   ⟨3-16⟩나머지 4분은? /91
⟨3-17⟩남정네들 순서를! /92   ⟨3-18⟩오리 알처럼 큰데 /93
⟨3-19⟩커피를 쏟고 나니 /93   ⟨3-20⟩할머니의 명언 /94
⟨3-21⟩여비서 면접시험 /95   ⟨3-22⟩바닷조개 /96
⟨3-23⟩공통점은? /96   ⟨3-24⟩할머니를 닮아서 /97
⟨3-25⟩교대로 업으며 /98   ⟨3-26⟩오늘은 들어가야 해! /99
⟨3-27⟩수영이 문제죠 /99   ⟨3-28⟩네가 닫고 와라 /100
⟨3-29⟩비 아니라 벼락이 쳐도 /101   ⟨3-30⟩솔직해지자! /102
⟨3-31⟩굴비 장수 /103

▶ 제4장 담배 피는 여자

⟨4-01⟩밥이나 먹고 합시다 /106   ⟨4-02⟩피장파장 /107
⟨4-03⟩나는 그렇게 안 받았는데 /107   ⟨4-04⟩반품 불가 몰라? /109
⟨4-05⟩설교를 듣고 나서 /109   ⟨4-06⟩메뉴는 읽을 수 있지 /110
⟨4-07⟩국유화 할까봐 /111   ⟨4-08⟩너도 그게 아닌데… /111
⟨4-09⟩밥 한 끼 먹기 /113   ⟨4-10⟩이건 내꺼야! /114
⟨4-11⟩똥차 /115   ⟨4-12⟩줘두 돼? /115   ⟨4-13⟩화대 /108
⟨4-14⟩나도 죽는다 /119   ⟨4-15⟩임신한 아줌마 /119
⟨4-16⟩처녀 뱃사공 /120   ⟨4-17⟩크기 비교 /121
⟨4-18⟩남편의 무관심 /121   ⟨4-19⟩노기(老妓)의 판결 /122
⟨4-20⟩살려놨더니 그만… /124   ⟨4-21⟩담배 피는 여자 /125
⟨4-22⟩어머니의 회고 /125   ⟨4-23⟩사슴 그림 /126
⟨4-24⟩내자지덕(內子之德) /127   ⟨4-25⟩이북 말 /128
⟨4-26⟩이발소에서 /129   ⟨4-27⟩10분이면 되는데 /130
⟨4-28⟩공처가의 악몽 /130   ⟨4-29⟩생고구마 깎기 /131
⟨4-30⟩무식한 아버지 /132

/ 차례 /

▶ 제5장 남편은 대문 앞에

〈5-01〉 사위의 코　/136　　〈5-02〉 보신탕집 아줌마　/137
〈5-03〉 낮잠 자다가　/137　　〈5-04〉 손이 셋이라니?　/138
〈5-05〉 서당에서 냉대하니　/140　　〈5-06〉 가방 조사　/141
〈5-07〉 대대로 내려오는…　/142　　〈5-08〉 역 안과 여관　/144
〈5-09〉 체인점 낸 건데　/144　　〈5-10〉 선녀를 믿어?　/145
〈5-11〉 아내 제삿날　/146　　〈5-12〉 어느 집 가훈　/147
〈5-13〉 남편은 대문 앞에　/148　　〈5-14〉 의처증은 심하지만　/150
〈5-15〉 버선이 적어서　/151　　〈5-16〉 전단지　/151
〈5-17〉 초저녁잠만 자더니　/152　　〈5-18〉 북 좀 자주 쳐요!　/154
〈5-19〉 젊은이의 꿈　/155　　〈5-20〉 무를 묻어서　/156
〈5-21〉 죽은 새　/157　　〈5-22〉 어떤 후회　/157
〈5-23〉 안 만져 주니까　/158　　〈5-24〉 조 이삭　/159
〈5-25〉 주나봐라　/161　　〈5-26〉 아들의 재치　/161
〈5-27〉 내 방식에 따르면　/163　　〈5-28〉 어떤 설문　/164
〈5-29〉 감옥이 더 낫다　/164　　〈5-30〉 인사성도 좋은데　/165
〈5-31〉 액땜 시루　/167

▶ 제6장 선녀와 산신령

〈6-01〉 기왕 그럴 바에야　/170　　〈6-02〉 이것보다는 참 하죠　/170
〈6-03〉 벌에 쏘인 이후　/171　　〈6-04〉 아내의 묘책　/172
〈6-05〉 경상도 부부관계　/173　　〈6-06〉 부부간의 거리　/174
〈6-07〉 속죄의 대가　/174　　〈6-08〉 다리 없는 신부　/175
〈6-09〉 고기는 잡아서 무얼 해요?　/176　　〈6-10〉 배가 이상해서　/178
〈6-11〉 자는 곳 안다　/178　　〈6-12〉 맞히면 다 줄게　/179
〈6-13〉 의사의 탈선　/180　　〈6-14〉 제가 재워 놓고　/181
〈6-15〉 관리실 방송　/181　　〈6-16〉 그런데 왜 안 달죠?　/182
〈6-17〉 고추 한 자루　/182　　〈6-18〉 의리 있는 친구들　/183
〈6-19〉 선녀와 산신령　/183　　〈6-20〉 할머니의 답변　/184
〈6-21〉 불 때던 형제　/185　　〈6-22〉 잠 좀 잡시다　/186
〈6-23〉 할머니의 회고　/187　　〈6-24〉 노상 방뇨　/188
〈6-25〉 네 노인의 고백　/188　　〈6-26〉 당신 들었소?　/190
〈6-27〉 치마와 바지　/191　　〈6-28〉 관계자　/192
〈6-29〉 항구는 상관없다　/193　　〈6-30〉 소녀의 질문　/193

▶ 제7장 사이즈를 몰라서

〈7-01〉 가정부 칫솔 /196   〈7-02〉 외눈박이의 송사   /196
〈7-03〉 그래도 도둑은 도둑 /198   〈7-04〉 통행금지 팻말   /199
〈7-05〉 배우자 사망 이후 /200   〈7-06〉 어머니의 질문   /200
〈7-07〉 옛날 그대로야 /201   〈7-08〉 그 남자의 첫날밤   /202
〈7-09〉 밤과 낮 /203   〈7-10〉 홀아비의 꾀   /204
〈7-11〉 아버지의 답변 /206   〈7-12〉 이것도 진짜인데   /207
〈7-13〉 정말 몰랐습니다 /207   〈7-14〉 박순경의 봉변   /208
〈7-15〉 사과 값 /209   〈7-16〉 사이즈를 몰라서   /210
〈7-17〉 의사의 반응 /211   〈7-18〉 2시간 1분   /211
〈7-19〉 어머니 만지지 마세요 /212   〈7-20〉 의사의 진단   /213
〈7-21〉 그냥 놔두십시오 /214   〈7-22〉 치한의 월급   /215
〈7-23〉 결혼반지 /215   〈7-24〉 10회 분   /216
〈7-25〉 교수님 가르쳐 주세요 /216   〈7-26〉 어젯밤 좋았어요   /217
〈7-27〉 어떤 착각 /218   〈7-28〉 아는 사람이에요?   /218
〈7-29〉 현대 의학 /219   〈7-30〉 살모사와 땅꾼   /220
〈7-31〉 어머니 사진 없소? /220

▶ 제8장 노처녀의 절규

〈8-01〉 석고상을 위로하며 /222   〈8-02〉 총각 선생의 착각   /223
〈8-03〉 부인의 검사 /223   〈8-04〉 시동생의 선물   /225
〈8-05〉 어떤 복수 /226   〈8-06〉 노처녀의 절규   /226
〈8-07〉 부활을 믿나? /227   〈8-08〉 수녀 면접   /228
〈8-09〉 사망 신고 /229   〈8-10〉 항해 일기   /229
〈8-11〉 턱수염이 그거죠 /230   〈8-12〉 색과 식   /231
〈8-13〉 학교 가기 싫어 /232   〈8-14〉 기회는 또 있다   /233
〈8-15〉 누드 그리기 /234   〈8-16〉 고추 이야기   /234
〈8-17〉 끼 많은 여자 /236   〈8-18〉 세 아줌마   /236
〈8-19〉 노인들의 항변 /237   〈8-20〉 비디오 잘 봐라!   /238
〈8-21〉 점을 쳐 봤더니 /238   〈8-22〉 상처가 나자   /239
〈8-23〉 나그네의 착각 /240   〈8-24〉 당찬 며느리   /241
〈8-25〉 존댓말 싫어! /242   〈8-26〉 관절염과 교황   /243
〈8-27〉 여비서와 사장부인 /244   〈8-28〉 편지지   /244
〈8-29〉 금상첨화 /245   〈8-30〉 어느 후회   /246   〈8-31〉 문신 보기   /247

/ 차례 /

▶ 제9장 위는 당신 닮았어요

⟨9-01⟩ 할머니와 내기 /250   ⟨9-02⟩ 여사원이 더 좋아 /252
⟨9-03⟩ 말꼬리만 하다면 /252   ⟨9-04⟩ 차라리 한 번 해주래 /254
⟨9-05⟩ 우리집은 끝났는데 /255   ⟨9-06⟩ 부인이라면서요? /256
⟨9-07⟩ 고해성사 뒤 /257   ⟨9-08⟩ 과부와 의원 /258
⟨9-09⟩ 엘리베이터 안에서? /259   ⟨9-10⟩ 당첨 이후 /260
⟨9-11⟩ 아내의 사전 조처 /261   ⟨9-12⟩ 처음 문상 /262
⟨9-13⟩ 그건 문상객용인데 /262   ⟨9-14⟩ 집에 있는 남자보다도 /263
⟨9-15⟩ 언제 까지나 /264   ⟨9-16⟩ 새 처녀 만들기 /264
⟨9-17⟩ 애비 닮았나? /266   ⟨9-18⟩ 무슨 수로 소리를 질러요? /267
⟨9-19⟩ 당신은 말이나 하지 /267   ⟨9-20⟩ 위는 당신 닮았어요 /268
⟨9-21⟩ 남자의 뽄대 /269   ⟨9-22⟩ 아들의 폭로 /270
⟨9-23⟩ 식사 주문 법 /270   ⟨9-24⟩ 너무 힘들어 /271
⟨9-25⟩ 진퇴양난 /272   ⟨9-26⟩ 무심코 한 말 /273
⟨9-27⟩ 아내의 답변 /273   ⟨9-28⟩ 두 학생의 커닝 /274
⟨9-29⟩ 두 도둑 /275   ⟨9-30⟩ 육침도 있죠 /276   ⟨9-31⟩ 아들의 대답 /277

▶ 제10장 세 명의 변강쇠

⟨10-01⟩ 불 끄고 하더니 /280   ⟨10-02⟩ 친구의 부음 /280
⟨10-03⟩ 노름꾼의 묘비명 /281   ⟨10-04⟩ 편지 쓰는 부인 /282
⟨10-05⟩ 새 출발 /283   ⟨10-06⟩ 어떤 차이 /284
⟨10-07⟩ 그건 빗물이에요 /285   ⟨10-08⟩ 물안개 /286
⟨10-09⟩ 범인 찾기 /287   ⟨10-10⟩ 부자의 대화(1) /288
⟨10-11⟩ 부자의 대화(2) /288   ⟨10-12⟩ 한 병 더 사거라 /289
⟨10-13⟩ 선생님도 꽤 아네요 /290   ⟨10-14⟩ 여행소감 /291
⟨10-15⟩ 세 명의 변강쇠 /291   ⟨10-16⟩ 의견 청취 중 /292
⟨10-17⟩ 그럴 수도 있겠죠 /293   ⟨10-18⟩ 한 여자만 빼고는 /294
⟨10-19⟩ 덤으로 주더라 /294   ⟨10-20⟩ 너야 무슨 죄가 있겠느냐 /295
⟨10-21⟩ 마님, 같은 일인데요 /297   ⟨10-22⟩ 본전 뽑으려고? /298
⟨10-23⟩ 약사님 덕분에 /299   ⟨10-24⟩ 모델답게 /300
⟨10-25⟩ 하루가 어딘데 /300   ⟨10-26⟩ 구혼광고 이후 /301
⟨10-27⟩ 비가 오니까요! /301   ⟨10-28⟩ 엉덩이 치료 /302
⟨10-29⟩ 아기는 버스에 두고 /303   ⟨10-30⟩ 신 춘향전 /304
⟨10-31⟩ 둘 다 임신 중이야 /305

▶ 제11장 불은 켜지 마세요

〈11-01〉 시동생 편지 /308   〈11-02〉 그럼 누구지? /308
〈11-03〉 어른 말은 들어야지 /309   〈11-04〉 형부 괜찮아요 /310
〈11-05〉 불은 켜지 마세요 /311   〈11-06〉 첫날밤 질문 /312
〈11-07〉 첫 여자 /313   〈11-08〉 학생회장 선거 /314
〈11-09〉 흉칙한 조개젓 /314   〈11-10〉 유경험자 /316
〈11-11〉 일광욕 하는 여자 /316   〈11-12〉 그거 참 잘 됐구려 /318
〈11-13〉 그건 문고리가 아냐 /319   〈11-14〉 실은 33세인데 /319
〈11-15〉 이젠 대머리냐? /320   〈11-16〉 당신도 성추행 죄 /321
〈11-17〉 그게 목표인 줄 몰라서 /322   〈11-18〉 나무꾼의 봉변 /323
〈11-19〉 그냥 데리고 있으세요 /324   〈11-20〉 어른들의 비밀 /325
〈11-21〉 뒷집 개 덕분에 /326   〈11-22〉 어떤 복수 /327
〈11-23〉 어느 명약 /327   〈11-24〉 여자의 한탄 /329
〈11-25〉 한 번 상상해봐라 /330   〈11-26〉 말이 한 말 /331
〈11-27〉 갓을 쓴 양반 /331   〈11-28〉 뭐가 보여야죠 /332
〈11-29〉 고릴라도 이해하겠지 /334   〈11-30〉 절호의 기회 /335

▶ 제12장 시인의 산고

〈12-01〉 요것도 질투를 하는구나 /338   〈12-02〉 할머니의 답변 /339
〈12-03〉 아내와 애인 /340   〈12-04〉 아빠, 나는 안다 /340
〈12-05〉 내 양말 먹었소? /341   〈12-06〉 당신뿐이라 /342
〈12-07〉 우리가 뭘 시끄럽나? /343   〈12-08〉 낚시꾼의 답변 /343
〈12-09〉 당신 애인 있지? /344   〈12-10〉 농구선수의 문제점 /345
〈12-11〉 기생의 편견 /345   〈12-12〉 이렇게 했습죠 /347
〈12-13〉 자리 바꾸기 /348   〈12-14〉 시인의 산고(産苦) /349
〈12-15〉 독일 철학자 /349   〈12-16〉 바람 넣는 비서 /350
〈12-17〉 또 지옥에 왔잖아? /351   〈12-18〉 멍멍 개 /351
〈12-19〉 아내의 처방 /352   〈12-20〉 3대 고스톱 /353
〈12-21〉 예쁜 죄 /354   〈12-22〉 자동으로 흔들어 /355
〈12-23〉 배 위에 메모 /356   〈12-24〉 기왕이면 벗고 오세요 /356
〈12-25〉 낚시꾼 부부 /357   〈12-26〉 지금은 계산 중 /358
〈12-27〉 어머니의 팁 /358   〈12-28〉 스타일, 그거 별거 아냐 /359
〈12-29〉 부부의 메시지 /360   〈12-30〉 고추 사이소 /361
〈12-31〉 마귀는 지옥으로 /362

제1장 신혼여행만 오면

남자들은 꼭 그걸 묻더라 / 개도 서울 가려나 봐요
남의 살맛 / 맞바람 / 왕의 청혼
그렇게 비싼 걸? / 저녁밥은 따뜻하게 / 직접 받아 가셔야
때리는 남자 / 실습용 교재 / 뼈맛을 못 보다니
칼 없어도 되는데 / 총각, 오늘은 소죽통 안 빌리러 와?
이런 방식도 있어유? / 할머니의 묘비명 / 천생연분
죽은데 말고 / 신혼여행만 오면 / 사위랑 한 잔 한다
그래도 길이 멀더냐 / 아버지 닮아서 / 남자의 침대
그 아내에 그 남편 / 아내 찾기 / 총 맞은 흔적
곱단이의 시재(詩才) / 어찌 옆집 아저씨가? / 추가 그림
누룽지 효과 / 작은 것과 큰 것
오리 알을 낳았다구요

〈1-01〉

남자들은 꼭 그걸 묻더라

　처녀 때 이미 남자 경험이 꽤 있는 한 처녀가 어찌어찌해서 결혼을 하게 됐다.
　경제적으로 여유가 있는 신랑 덕분에 해외로 신혼여행을 갔겠다.
　첫날밤, 일류 호텔에서 신나게 운우의 정을 치른 두 부부.
　젖 먹던 힘 까지 쏟아부어 나름대로 최선의 봉사를 다 했다고 느낀 신랑이 신부와 나란히 눕자마자 자신의 남자로서의 정력이 어느 정도인가가 은근히 궁금했다. 신부의 손을 꼭 쥔 채 신랑이 물었다.
　"이봐요, 내 섹스하는 실력이랄까, 그 강도가 남자로서 어땠어?"
　그러자 이 정신없는 신부, 신랑의 손을 뿌리치고 핵 돌아누우며 하는 말
　"참 이상해, 남자들은 일이 끝나고 나면 꼭 그걸 묻더라."

〈1-02〉

개도 서울 가려나 봐요

　가끔 늦잠을 자는 게 버릇이 된 며느리가 있었다.
　어느 날 밤 시어머니가 며느리에게 당부의 말을 했다.

"애야, 내일 아침엔 너의 시아버지께서 종중 일로 한 사흘 서울에 다녀오실 일이 있는데 내일만이라도 네가 좀 일찍 일어나서 아버지 아침식사를 준비해 주면 어떻겠니, 며느리가 아침을 차렸다면 아버지도 흐뭇해하실 테고….'"

그 말을 듣고 며느리가 웃으며 대답했다.

"아, 아버님이 서울 가신다는데 제가 당연히 일찍 일어나 아침을 차려드려야죠. 그동안 제가 툭하면 늦잠 잔 날이 많아서 어머님에게도 너무 미안 했어유."

"고맙다."

하여 이튿날 거의 새벽에 며느리는 부엌에 나와 아침 준비를 시작했다. 그런데 부엌 옆에 있는 안방에서 이상한 소리가 들려왔다. 며느리는 궁금해서 귀를 쫑긋하고 안방의 소리를 엿 들어봤다.

그 소리는 다름 아닌 시아버지와 시어머니가 한참 그 짓을 하는 소리였다. 며느리는 빙그레 웃으면서 '시아버지가 서울 가시기 전에 어머니에게 서비스 한번 멋있게 하시는 구나' 하고 아침을 차렸다.

얼마 후, 아침식사를 잘 마친 시아버지는 환한 얼굴로 대문을 나섰다. 시어머니, 아들, 며느리가 모두 잘 다녀오시라며 따라나섰다.

그런데 그때 마침 그 집 앞마당에서 동네 개 한 쌍이 아침부터 엉겨 붙어 그 짓을 하는 게 아닌가.

그 민망한 꼴을 본 시아버지가

"에이, 저것들이 아침부터 볼 쌍 사납게…"

그리 말하자, 며느리가 대뜸 하는 말

"아버님, 개도 서울 갈 일이 있나 봐요."

〈1-03〉

남의 살맛

어느 시골에 홀 시아버지와 혼자된 과부 며느리가 한 집에서 살고 있었다. 그런데 어느 날 산토끼 한 마리가 그 집 안마당에 뛰어들었다. 시아버지가 우물가에서 빨래하는 며느리를 부르며 말했다.
"애야, 웬 산토끼가 우리 집에 뛰어들었으니 저 놈 잡아서 우리 점심에 고기 맛 좀 보자!"
그러나 산토끼는 그 말이 떨어지기가 무섭게 다시 숲 속으로 달아나 버리고 말았다. 그러자 며느리가 하는 말
"에그, 아버님이나 저나 고기 맛보기는 틀렸네요. 하긴 아버님이나 저나 언제 남의 살 맛보고 살았나요?"

〈1-04〉

맞바람

평소 행실이 그렇고 그런 어느 부인이 있었다. 어느 날 남편이 회사에 가고 없는 사이에 하필 남편과 가장 친한 남편 친구와 눈이 맞아 그 남자를 자기 집에 불러들여 지금 그 짓에 한참 열을 올리고 있는데 전화벨이 울렸다. 여자는 침대에서 내려가 전화를 받고 나서 다시 침대로 돌아왔다.

남편 친구인 그 남자가 물었다.
"누구야?"
"아, 우리 그이야."
남자가 놀라 벌떡 일어나며
"아니, 그 친구가 지금 들어온대?"
"아니, 토요일이라 일찍 퇴근해서 지금 당신이랑 1박 2일로 밤낚시 가는 중이래."

〈1-05〉

왕의 청혼

어떤 은행의 은행장 여비서가 아주 미인이었다. 그런데 하루는 그 여비서가 아프리카에서 온 왕을 모시고 은행의 이곳저곳을 안내하게 되었다.

그러자 비서의 미모에 한눈이 가버린 그 왕이 그만 비서에게 청혼을 하게 되었다.

순간, 비서는 무척 당황했지만 절대 '왕'의 면전에서 어떤 부탁도 거절하지 말라는 은행장의 사전 지시도 있고 해서 세련되게 거절할 방법을 궁리해 봤다.

"좋아요! 그 대신 3가지 조건이 있어요."

흐뭇한 미소를 지으며 쳐다보는 왕을 보며 비서가 요구 조건을 제시했다.

"먼저 결혼반지는 다이아몬드로 100캐럿은 넘어야 해요!"

왕은 가소롭다는 미소를 지으며, 비서에게 더 큰 것도 사 줄 수 있다고 말했다.

다소 놀란 비서는 두 번째 조건을 말했다.

"두 번째로는 방이 100개 넘는 초호화 맨션을 지어주시고, 프랑스에 별장 하나를 준비해 주셔야 해요."

이번엔 다소 고민을 하던 왕은 이내 휴대폰으로 뭔가를 열심히 통화하더니 이 조건도 들어주겠다고 약속했다.

그러나 왕과 결혼할 마음이 없는 예쁜 여비서는 비장카드하나를 생각해 내곤 눈을 흘기며 말했다.

"좋아요, 마지막으로 전 남자의 거시기가 꼭 30센티가 아니면 절대 결혼할 수 없어요!"

갑자기 왕의 얼굴이 하얗게 질리며 안절부절 못하는 것이었다.

그러나 왕은 땀을 뻘뻘 흘리면서도 그 예쁜 비서에게 대답하기를

"씨, 내 것이 너무 긴데 까짓 거 조금 짜르면 될 거 아냐?"

〈1-06〉

그렇게 비싼 걸?

부부는 결혼은 했지만 몇 해가 지나고 나니 이상하게 하루가 멀다 하고 싸움을 잘 했다. 그러다 결혼기념일을 맞아 아주 모처럼 외식

을 하기로 하고 어느 식당에 가서 마주 앉았다. 음식을 시키고 나서 남편이 말했다.

"여보, 그동안 당신에게 별로 해 준 것도 없고 결혼 선물로 뭘 갖고 싶어?"

아무 대답도 없는 아내에게 남편이 다시 물었다.

"말해 보라구, 옷, 가방, 새 차, 다이아 반지, 뭐든 골라봐."

그러나 그의 아내는 아주 냉정하면서도 단호한 표정으로 대답했다.

"난 이혼을 원해요."

그러자 남편의 얼굴이 하얗게 변하더니

"뭐라구? 그렇게 돈 많이 드는 비싼 건 안 돼!"

〈1-07〉
저녁밥은 따뜻하게

신혼부부가 있었다. 남편은 신혼여행에서 돌아오자 첫날부터 회사에 갔다.

신부는 남편을 위해 저녁을 차려놓고 남편이 집에 오자 반갑게 맞으며 말했다.

"자기 저녁 먹어요."

그러나 남편은 정성껏 차린 식탁은 보지도 않은 채 신부에게 말했다.
"아냐, 난 당신이면 돼."
그리고는 신부를 안고 침실로 들어갔다.
다음날도 그랬고 그 다음날도 또 그랬다. 그런 일이 며칠 계속되자 아예 신부는 저녁밥은 차리지도 않고 남편이 퇴근할 무렵이면 더운 욕조에 들어가 있었다.
"당신 지금 뭐 하고 있는 거야?"
신랑이 궁금해서 묻자, 신부가 대답하기를
"응, 당신에게 따뜻한 밥 주려고 지금 데우고 있어요."

〈1-08〉

직접 받아가셔야

정상적인 부부관계로는 아기가 생기지 않아 몇 해를 고민하던 한 부인이 인공수정을 하려고 병원에 갔다.
의사와 상담을 마치고 수술대 위에 누웠다. 얼마 후 의사가 들어왔다. 간호사는 한 명도 없이 의사만 들어오는 것이었다.
여자가 불안하고 의아해하고 있는데 아니나 다를까 의사가 바지를 벗기 시작했다. 그 모습을 보고 여자가 깜짝 놀라 소리쳤다.
"아니 선생님 이게 무슨 망칙한 짓이에요?"

그러자 의사가 조용히 그리고 부드럽게 말했다.

"미안합니다. 부인, 실은 그동안 장만해 둔 물건이 마침 다 떨어졌어요. 그러니 오늘은 부득이 제 걸로 직접 받아 가셔야 하겠습니다."

〈1-09〉

때리는 남자

미국 뉴욕의 뒷골목.

"미남 아저씨 놀다 가세요. 10 달러에요"

매춘부 여인이 멋진 남자의 팔을 잡았다.

"음, 그래도 좋지만 난 여자를 때리는 버릇이 있어."

"그러세요? 그럼 20 달러에요."

"하지만 나는 지독히 때리는데?"

"어머, 무서운 사람, 그럼 30 달러 주세요."

남자는 승낙하고 여자를 따라 방에 들어가서 미리 30달러를 주었다.

그런데 일이 잘 진행되어도 남자가 전혀 때리지 않자 여자는 은근히 걱정이 되어

"당신 왜 안 때려요?"

하고 물었다. 그러자 사내는

"이제 그 때리기를 할 차례야. 좀 전의 그 30 달러를 그대로 돌려주지 않으면 돌려줄 때까지 계속 때리겠어."

⟨1-10⟩

실습용 교재

어느 한 젊은 미망인이 홀로 고학을 하는 대학생의 학비를 계속 대주면서 친동생처럼 보살펴 주었다.

그러다 그 학생이 휴학을 하고 군에 입대를 하게 되었는데 이 미망인이 3년 가깝게 그 학생과 헤어져 있을 일을 생각하니 너무 아쉽고, 또 그동안 자신이 너무 혼자만 지내다 보니 자신의 풍만한 육체가 남성을 그리워하고 있음을 실감했다. 그래서 입대하기 전 날 인사차 찾아온 학생과 식사도 하고 한담도 한 뒤 기어코 안방으로 불러들이고 불을 껐다.

아주 황홀한 시간이 지난 뒤 미망인은 감격스런 목소리로 물었다.
"자네, 어디서 배웠노? 아주 제대로 배웠네."
고학을 한 학생이 대답했다.
"교재도 없이 이것도 독학으로 뗐어요."
그러자 미망인이 말했다.
"교재도 없이, 아유 불쌍해라. 앞으로는 실습용 교재가 필요하면 언제든지 내게 부탁하소."

〈1-11〉

뼈맛을 못 보다니

　딸만 셋을 둔 한 아낙이 그만 일찍 남편을 떠나보내고 과수댁이 되었다.
　그런대로 아직 집안 형편이 넉넉한 때에 첫 딸은 젊은 사위를 얻어 시집을 잘 보냈다.
　그런데 세월이 갈수록 가세가 어려워 둘째 딸은 고작 재취자리로 출가를 시켰다. 그리고 셋째 딸의 혼기가 가까워지자 살기가 더욱 어려워 도무지 성례시킬 길이 없어 고심하던 나머지 겨우 50도 넘은 나이 지긋한 남자에게 삼취로 보냈다.
　어느 날 친정어머니 생신이 되자 딸 셋이 모두 친정에 모여 윗방에서 이런저런 이야기 끝에 남자의 양물(陽物)을 화제로 이야기들을 하기 시작했다.
　안방에서 자기 어머니가 듣고 있는 줄도 모르고 딸들은 거침없이 입을 열었다.
　"남자의 양물엔 반드시 뼈가 있더라."
　큰 딸이 자신 있게 말했다.
　"언니 뼈는 무슨 뼈? 나는 심줄이 있는 줄로만 아는데."
　둘째딸이 말했다.
　"흥 언니들은 좋겠수, 나는 껍데기와 살 뿐이던데"
　막내가 탄식했다.

그때 안방에서 세 딸의 이야기를 엿듣고 난 친정어머니, 한숨을 쉬며 하는 말

"아이구, 우리 집 형편이 너무 어려워 둘째와 셋째는 그 좋은 뼈맛도 못 보고 살게 하다니, 에미로서 이렇게 한스러울 수가 있나?"

〈1-12〉

칼 없어도 되는데

나이 지긋한 처녀가 어찌어찌해서 중매결혼으로 시집을 가게 됐다.

그러나 신랑은 막상 결혼식을 며칠 앞두고 이상한 소문을 들었다. 자기와 결혼할 신부가 뭔가 과거가 있을 거란 이야기였다. 신랑은 결혼을 작파할까 하다가 자신도 여성 편력 경험이 전혀 없지도 않은 처지이고 하니 그런대로 식을 치르기로 했다.

결혼식을 마치고 신랑 신부는 ○○온천으로 신혼여행을 갔다.

저녁을 먹고 호텔방에 들어온 부부는 차례로 샤워를 마치고 드디어 그 작업에 들어갈 참이었다. 신부가 먼저 침대에 올라 이불속에서 알몸이 되었다.

그때 신랑은 묘한 호기심이 발동했다. 이 여자가 진짜 처녀인지 호적상으로만 처녀인지를 시험해 보고 싶은 충동이었다. 마침 호텔방 탁자 위엔 과일 접시 위에 과일 몇 개와 작은 과도가 놓여 있었다.

신랑은 그 과도를 집어 들었다.

그리고 침대에 오른 신랑은 손에 그 시퍼런 과도를 든 채 신부의 국부를 내려다보며 말했다.

"이봐요, 신부님 나는 내 물건이 너무너무 커서 웬만한 여자의 국부로는 당해 내지 못합니다. 보나 마나 신부의 것도 처음 당하는 일이라 너무 좁고 작아서 그 일을 치르기가 무척 어려울 테니 아예 이 칼로 여기를 미리 좀 찢어 넓힌 다음에 일을 시작합시다."

하고 칼을 신부의 옥문 근처로 가져가는 것이 아닌가. 그러자 너무 놀란 신부가 벌떡 일어나며 외쳐 대는 말.

"아니? 도무지 이게 뭐 하는 짓이에요? 세상에, 우리 동네 이장 아들은 칼로 찢지 않고도 잘만 하던데…."

〈1-13〉
총각, 오늘은 소죽통 안 빌리러 와?

시골 어느 마을에 남의 집 머슴 사는 한 총각이 소 죽을 먹이려는데 죽통이 마침 새서 옆집 과수댁으로 빌리려고 갔다. 울타리 하나를 격한 과수댁에 들어서니 마침 주인 과부가 넓은 홑치마를 입고 대청에 누워 정신없이 낮잠을 자고 있는데 부푼 젖무덤이며 살결이 흰 눈과 같고 허벅다리가 반쯤 드러난 것을 보고는 사내로서 도무지 욕정을 이길 수가 없었다.

총각은 자신도 모르게 대청에 올라 드디어 자신의 바지를 내리고 아랫도리를 들이낸 뒤 과부의 속옷을 벗기고 무작정 양구(陽具)를 들이미니 여인이 깜짝 놀라 눈을 뜨고 보니 옆집 총각이라.

"너 이놈, 네가 이런 짓을 하고도 능히 살아남을 것 같으냐?"

하고 호통을 쳤다.

"제가 소죽통을 빌리려고 왔다가 아주머니 잠든 몸을 보니 너무 탐이 나서 이렇게 큰 죄를 짓게 되었습니다. 그럼 이제 그만 빼도록 할까요?"

한즉, 여인이 되려 두 손으로 총각의 허리를 힘껏 끌어당기며

"흥, 네가 들어올 때는 네 마음대로 들어왔지만 언감생심, 나갈 때는 네 마음대로 나갈 수 없느니라. 그냥 계속하거라."

했다. 하여 두 남녀는 아주 신나게 그 짓을 치른 뒤 총각은 소죽통을 빌려가지고 돌아갔다.

이튿날, 해거름이 되자 과부는 울타리에 다가와서 옆집 총각을 부르더니 하는 말

"총각! 오늘은 왜 소죽통을 빌리러 오지 않는가?"

⟨1-14⟩

이런 방식도 있어유?

신혼여행도 못가고 결혼 첫날부터 홀어머니와 단칸방에서 어렵게 셋방에 사는, 남편이 공무원인 부부가 있었다.

그러다 보니 셋방 맨 아랫목엔 어머니가 눕고 중간엔 자기 부인, 그리고 그는 맨 윗목에 누어 자게 됐는데 문제는 신혼부부가 그 짓(운우지정)을 한 번이라도 하고 싶으면 그는 아랫목에 누운 어머니가 신경에 쓰여 아내를 제대로 눕힌 채 자신이 위에 올라타는 방식으로 그 짓을 하지 못하고 꼭 아내의 등 뒤에서만 아내의 아래 옷을 대강 벗기고 아내의 궁둥이 쪽에 자신의 양물을 밀어 넣고 겨우 한 판을 치르고 끝내고 마는 그런 방식으로만 성생활을 했다. 매번 그런 식이니 아내도 그 방법에 익숙해서 그런대로 만족하고 마는 기미였다.

그렇게만 부부의 정을 나누다가 한 1년이 지나고 나서는 부부가 합심하여 돈도 모으고 해서 형편이 좀 피어 방 두 칸짜리 전세방을 얻어 이사를 하고 나서야 어머니는 안방에서, 자기 부부는 그 옆방에서 따로 자게 되었는데, 그 새로 이사 간 방에서의 첫날밤, 그가 드디어 아내의 몸 위로 자신의 알몸을 멋있게 덮치자 그의 아내가 눈을 크게 뜨며 희색이 만면하여 하는 말

"여보, 이렇게 당신이 위에서 하는 방식도 다 있어유?"

〈1-15〉

할머니의 묘비명

　80세도 넘은 어느 할머니가 자신의 집 근처에 있는 장의사에 들러 사장을 찾았다.
　"할머니 어떻게 오셨어유."
　사장이 친절하게 하고 묻자
　"사장님 내, 꼭 당부할 말이 있어서 찾아왔지유."
　"글쎄, 그게 뭔지 말해보세유."
　그러자 할머니가 정색을 하며 이야기를 시작했다.
　"내 나이 80이 넘도록 시집도 못 가고 평생 남자하고 잠자리 한번도 같이 못 했어유, 그러니까 진짜 처녀처럼 아주 깨끗이 수절하며 살아온 셈이지유. 그런데 이제 위암까지 걸렸으니 머지않아 저세상으로 가게 될 판이라구요. 게다가 일가친척 아무도 없이 혼자 사는 처지이니 누구하고 상의를 하겠어요. 내 오늘 돈은 넉넉하게 내고 갈 테니 내가 죽거든 화장해서 간소하게 어디 공원묘지에 묻어주시고 그 비석에 이렇게 묘비명을 좀 새겨주시구려."
　그 말을 듣고 사장이 정중히 묻기를
　"할머니, 그 묘비명을 어떻게 쓰실 작정이신데요?"
　그러자 할머니가 눈을 지그시 감고 자신의 묘비명을 부르기 시작했다.
　- 처녀로 태어나서 처녀로만 살다가 처녀로 죽었노라. -

"바로 이겁니다요."

할머니의 이야기를 듣고 난 장의사 사장은 할머니의 주소와 그 문구를 잘 메모했고 아예 장례비용과 공원묘지 비, 그리고 비석과 묘비명에 새길 비용까지 두둑이 받아 놓았다.

그런 일이 있고 나서 한 달도 못되어 할머니는 결국 사망하고 말았다.

장의사 사장은 곰곰 생각했다. 다른 비용은 예정대로 집행해야 하겠지만 묘비명만은 글자 수가 너무 많고 내용도 너무 웃기고 시시하다고 생각했다.

드디어 장의사 사장은 다음과 같이 간단한 묘비명을 만들어 그 비석에 새겼다.

-未 開封 返納(미 개봉 반납)-

⟨1-16⟩

천생연분

어느 방송국에서 몇 쌍의 노부부를 초청하여 '문답놀이'를 방영한 일이 있다.

드디어 평소에 남편이 사업에 실패하고 게다가 한때 바람까지 피워 아내에게 별 호감을 주지 못하는 남편과 그의 부인이 출연할 차례가 되었다.

'문답놀이'는 남편이 방송국에서 카드에 내건 정답을 미리 보고 그걸 남편의 이런저런 설명으로 아내가 맞추도록 하는 형식이었다.

남편의 다른 질문에는 거의 척척 잘 맞추었는데 이번 질문은 이상하게 그의 아내가 자꾸 빗나갔다. 그 문제의 정답은 '천생연분'이었는데 가령

"당신과 같이 사는 사람?"

하니까

"당신과 아들"

"아니, 그중에 한 사람!"

하니까

"아, 당신?"

"그 말 말고 다른 말로"

"음, 웬수?"

남편은 어이가 없어

"왜 있잖아, 4자 성어로."

그러자 아내는 거침없이

"음, 평생 웬수?"

〈1-17〉

죽은데 말고

어느 교회에서 기가 막히게 영험한 한 부흥사가 와서 교인들의 병을 치료해 준다고 미리 광고를 많이 했다. 그는 성령의 은사를 받았다고 강조하기도 해서 어느 교인의 내외가 아픈 곳을 고쳐볼 겸 부흥회에 참석했다.

오랫동안 기도가 끝나고 마침내 부흥사가 아픈 사람들은 모두 일어나 눈을 감고 자신의 가장 아픈 부위에 손을 얹으라고 했다.

남편이 슬그머니 일어나더니 최근 그 성능이 아주 약해진 자신의 거시기에 손을 얹고 눈을 감았다. 그러자 그의 아내가 쿡 쥐어박으며 한 마디 했다.

"여보, 죽은데 말고 아픈 데라고 하잖아."

〈1-18〉

신혼여행만 오면

신랑 신부가 서울에서 결혼식을 잘 마치고 비행기 편으로 제주도에 당도, 예약된 호텔방에 들었다. 대체로 섬 날씨가 그러하지만 그 날도 오전에는 하늘이 멀쩡하다가 이 신랑 신부가 호텔방에 들자 창밖에 봄비가 제법 굵게 내리고 있었다.
 그래도 이 부부는 차라리 비 오는 날의 고즈넉한 분위기를 즐기며 우선 한바탕의 운우지정을 신나게 치렀다.
 일이 끝나자 신랑은 다소 피로하기도 해서 아예 침대에 누운 채 눈을 지그시 감고 낮잠이라도 좀 잘 기세였다.
 그때 화장실에 다녀 나온 신부가 호텔방 창가로 다가가더니 창밖에 내리는 빗줄기를 심난하게 내다보며 신랑이 듣거나 말거나 혼자 중얼거리는 말
 "빌어먹을, 내가 제주도로 신혼여행만 오면 꼭 비가 오네."

〈1-19〉

사위랑 한잔 한다

 결코 결혼을 하지 않겠다는 의지를 가진 대단한 노처녀가 있었다. 그녀에겐 남자란 늘 귀찮고 이기적인 동물에 불과했다. 그러나 그녀에게는 성적 충동을 충분히 해결할 수가 있는 최상의 기구가 있었다. 그건 다름 아닌 '바이브레이터'였다. 성인용품 가게에서 구입한 이 '바이브레이터'는 그녀의 고독한 밤을 충분히 보상해주는 천하의 보물이었다. 한때 그녀의 아버지가 설득해 보기도 했다.
 "네가 결혼해서 외손주를 하나 안겨준다면 그게 애비의 소원 풀이다."

이렇게 말했어도 그녀는 도무지 아버지 말을 듣지 않았다.

"전 결혼할 생각 전혀 없어요. 전 학벌도 좋고 안정적인 직장도 있어서 경제적으로도 독립한 상태라고요. 그런데 아버지 제가 더 이상 뭘 바라겠어요?"

딸은 늘 그렇게 쏘아붙이고 문을 탕 닫고 직장에 나가는 독종이었다.

그런데 하루는 딸이 퇴근해서 보니까 자신의 아버지가 거실 소파에서 자신이 쓰는 '바이브레이터'를 한 손에 들고 혼자 술을 마시고 있는 게 아닌가.

"아버지, 지금 대체 무얼 하고 계시는 거예요?"

그러자 그녀의 아버지 하는 말

"내 사위랑 술 한 잔 하고 있다, 왜?"

〈1-20〉

그래도 길이 멀더냐?

수덕사에 주석하던 경허 선사와 만공스님. 두 분이 동량(탁발)을 나갔다가 돌아가는 길이었다. 동량을 해서 모은 쌀이 너무 무거웠다. 아직도 길은 먼데 제자인 만공스님은 쌀자루를 더 많이 등에 져서 죽을 지경이었다. 경허선사가 물었다.

"너무 무겁고 힘들지?"

"예, 너무 힘듭니다."

"그러면 내가 빨리 가는 법을 일러 줄 테니 그땐 자네도 빨리 따라오게."

"무슨 수로 빨리 갈 수 있겠습니까?"

"좀 있으면 자연히 알게 될 걸세."

그러자 얼마 후, 어느 마을로 접어들었는데 그 마을 공동 우물에서 한 아낙네가 물동이에 물을 길어 머리에 이고 막 걸어 나오다가 스님들과 마주치게 되었다. 첫눈에 봐도 꽤 예쁜 아낙네였다. 순간 경허스님은 잽싸게 대들어 그 아낙네의 두 귀를 잡고 입술을 맞추었다. 두 손으로 물동이를 잡은 아낙네로서는 피할 수 없는 봉변이었다.

"에그머니나!?"

아낙은 외마디 소리를 지르며 물동이도 떨어뜨리고 마을로 달려갔다.

그때 그 광경을 본 마을 청년 두 엇이

"저 중놈들 잡아라!"

하며 몽둥이를 들고 뛰어왔다.

"빨리 뛰자!"

두 스님은 정신없이 달리기 시작했다. 죽을힘을 다해 비호같이 달려가는 두 스님을 그들도 따라잡을 수는 없었다. 드디어 마을을 벗어나 산길로 접어들자 경허선사가 물었다.

"그래도 길이 멀고 쌀자루가 무겁더냐?"

"아닙니다, 그 먼 길을 어떻게 달려 왔는지 모르겠습니다."

"그래, 매사가 다 마음먹기 달렸느니라."

⟨1-21⟩

아버지 닮아서

어느 날 동네 아낙이 한 댓살 난 아들을 데리고 이발소에 왔다.
이발소엔 남자 손님이 서넛 있었다.
순서가 되자 이발사는 이발 의자 양쪽 손잡이 위에 송판을 얹고 그 아이를 앉힌 뒤 머리를 깎아주고 있었다.
그때 미리 와서 이발을 마친 애 아버지 친구가 하나가 아낙네에게 말을 걸었다. 물론 한동네 사는 남자라 그 아낙도 웬만큼은 아는 처지였다.
"아주머니 그 애가 둘째 아들이예유?"
"예"
"그럼 애비 닮아서 자지는 크겠네유!"
"……"
이발소 안엔 한바탕 웃음이 터지고 그 아낙만이 꿀 먹은 벙어리처럼 말이 없었다.

⟨1-22⟩

남자의 침대

어느 오올드 미스 아가씨가 친구들을 만나 모처럼 술을 좀 마셨다. 집에 가는 길인데 공원 옆을 지나다 보니 나무 그늘에 벤치가 하나 보였다. 아가씨는 몸에 취기도 있고 해서 벤치에서 좀 쉬었다 갈 마음으로 우선 궁둥이를 내리고 앉아 보았다. 앉고 보니 아직 더운 여름날 초저녁인데 나무 그늘도 시원하고 꼭 한숨 잤으면 싶었다.
　아가씨는 구두를 벗고 벤치에 누워 잠을 청했다. 서늘한 바람결에 자신도 모르게 잠이 들었다.
　그런데 얼마 후에 웬 노숙자 차림의 아저씨가 잠이 든 아가씨를 흔들어 깨우면서
　"이 봐요, 아가씨. 나랑 지금부터 연애 좀 할래요?"
　하고 물었다. 잠에서 깨어나 그 말을 들은 아가씨가 너무 기가 막혀
　"아니, 아저씨가 누군데 나랑 연애 어쩌구 하시죠?"
　하고 쌀쌀맞게 나왔다. 그러자 이 아저씨
　"내가 비록 노숙자지만 노숙자라고 연애하지 말라는 법도 없지 않소?"
　"아저씨, 저를 아주 시시하게 본 모양인데요. 저 아저씨 같은 사

람과 연애할 수준 낮은 여자는 아니거든요."

그러자 이 노숙자 하는 말

"아니, 이건 내 침대인데 여자가 날도 저물었는데 남자 침대에 와서 누워 자면서 그렇게만 나오면 안 되지."

〈1-23〉
그 아내에 그 남편

남편이나 아내나 함께 살기는 하지만 둘 다 행실이 그렇고 그런 부부가 있었다.

하루는 그런대로 부부가 한 침대에서 깊은 잠이 들었는데 새벽 3시쯤 아내가 묘한 꿈을 꾸었다. 꿈의 내용은 자기 집에 딴 남자를 남편 몰래 불러들여 한 참 재미를 보고 있는 판에 자신의 진짜 남편이 대문을 따고 들어오는 꿈이었다.

그러자 이 여자 화들짝 놀라 꿈결이지만 옆에서 자고 있는 남편을 외간 남자로 착각하고 정신없이 말했다.

"이봐요, 큰 일 났어요. 지금 우리 남편 들어와요. 빨리 피하라구요!"

그 소리를 듣자 평소에 자주 외도를 즐기던 그 남편도 잠결에 딴 여자 집인 줄 알고 혼비백산하여

"그래요? 이거 큰 일 났군! 아줌마 이 집 뒷문은 어디요?"

⟨1-24⟩

아내 찾기

남대문 시장에 아내와 함께 장을 보러 간 부부. 한참을 둘이 함께 다니다 보니 이상하게 그의 부인이 어디로 갔는지 보이지를 않았다.
남편은 여기저기를 기웃거리다가 그때 마침 지나가는 젊고 예쁜 여자에게 말했다.
"저, 아가씨 여기서 잠깐만 저랑 이야기 좀 해주면 안 될까요?"
"왜요?"
여자가 시큰둥하게 물었다.
"제 아내가 없어졌는데요, 그렇지만 그 여자는 제가 예쁜 여자와 얘기만 하면 어디든 꼭 나타나거든요."

⟨1-25⟩

총맞은 흔적

옛날에 한 청년이 깊은 산속을 걷다가 큰 호랑이를 만났다. 겁이 벌컥 난 청년은 그래도 호랑이의 밥이 되어 죽기는 너무 억울하다는 생각이 들었다.
순간 청년은 '호랑이를 만나도 정신을 차리면 산다.'라는 격언을 떠 올렸다.

옳거니 네놈도 한 번 속아봐라. 그런 생각을 하며 청년은 대뜸 자신의 허리끈을 풀고 바지를 내린 뒤 자신의 꽤 큰 양물을 호랑이 앞에 들이 댔다.

그걸 보 호랑이가 무슨 생각을 했는지 고개를 갸웃갸웃하더니 슬그머니 청년을 피하여 깊은 산속으로 달아나는 게 아닌가. 청년은 옳거니 이제 살았구나 하고 산길을 다시 걸어 무사히 집에 당도했다.

한편, 청년의 그 물건을 보고 달아난 호랑이는 그 물건이 너무 궁금하여 산 아래 주막집에 내려가 나이 지긋한 주모에게 자초지종을 말하고 그 물건이 무엇이냐고 물었다. 그러자 그 주모는 아예 자신의 치마와 속옷을 벗어 버리고 거무틱틱한 옥문을 내 보이며

"아이구, 호랑이 아저씨 그 물건이 바로 총인데 그 총 피하기를 정말 잘 했구먼유, 나는 몇 년 전에 그 총에게 호되게 당해서 이 흔적을 보세요, 여기가 푹 팽겨 나갔죠? 게다가 그 상처가 아직도 아물지 않아 가끔 진물이 나죠, 어디 그 뿐입니까 몇 해 전 까지만 해도 한 달에 한 번 씩은 꼭 피가 나서 아주 죽을 고생을 했다구유."

그러자 호랑이는 고개를 주억 거리며 산으로 돌아갔다.

⟨1-26⟩

곱단이의 시재(詩才)

　유명한 방랑시인 김삿갓(김병연)이 함경도 지방을 돌아다니다 어찌어찌해서 곱단이라는 노처녀와 혼사를 치르게 됐다.
　첫날밤, 신랑은 곱단이네 집에서 마련해준 절차대로 비단 요와 이불속에서 이미 나신이 된 곱단이의 부푼 가슴, 다디단 입술, 그리고 희고 탄력 있는 몸을 정신없이 파고들다가 급기야 자신의 성난 양물로 그녀의 옥문을 공격하기 시작했다. 그러나 이게 웬일인가. 꼭 숫처녀로만 믿었던 곱단이의 그곳은 이미 물이 흥건하고 너무 자연스럽게 남자의 그것을 받아들이고 있었다.
　'아니, 처녀가 벌써 이럴 수가?'
　그는 운우지정을 끝까지 채우지 못하고 적당히 몸을 빼고 이불속에서 나와 큰 실망감을 가눌 길이 없어 담배만 뻐끔뻐끔 피우고 있었다.
　'아, 노처녀는 역시 믿을 수가 없구나.'
　혼자 이렇게 후회하고 있는데
　"서방님 아니 왜 그러세요 갑자기…."
　하며 곱단이도 허리를 세웠다.
　"아니요, 그대 먼저 자구려."

그리고 나서 김삿갓은 불을 다시 켜고 머리맡의 문갑에서 붓을 찾아들고는 흰 종이 위에 다음과 같이 써 보았다.

毛深內闊 必過他人; 털이 깊고 속이 넓으니 반드시 딴사람이 다녀갔구나.

그러나 어깨너머로 신랑이 쓴 글을 본 곱단이, 그때야 모든 걸 알았다는 듯 입을 삐죽삐죽하더니 그 붓을 다시 집어 들고는 다음과 같은 대귀를 써 내려갔다.

溪邊楊柳不雨長; 시냇가에 버들은 비가 오지 않아도 잘만 자라고

後園黃栗無蜂拆; 뒷동산 누런 밤송이는 벌이 쏘지 않아도 스스로 벌어지더라.

곱단이는 이렇게 써 놓고는 갑자기 복받치는 설움에 몸을 가누지 못하고 엎드려 울기 시작했다. 병연은 그 글을 읽고 정신이 번쩍 났다. 순간 자신의 경솔을 크게 뉘우치며

"곱단이, 이거 내가 큰 잘못을 했네. 그만 울음을 그치게."

"서방님, 정말 너무 억울했습니다."

"알았네, 내 잘못이래두."

그때야 병연은 곱단이를 다시 끌어안고 이불속으로 들어갔다.

⟨1-27⟩

어찌 옆집 아저씨가?

한 살짜리 아들과 네 살짜리 아들을 둔 어머니가 한 살짜리 아들에게만 젖을 주자 네 살짜리 아들의 불만이 대단했다. 네 살짜리 아들이 아무리 어머니 젖을 달라고 졸라도 어머니는
"너는 이제 다 컸으니까 젖은 아우에게나 양보해야지?"
하고 끝내 젖을 주지 않았다. 그러자 은근히 부아가 치민 네 살짜리 아들이 어디서 구했는지 어머니가 잠든 틈에 어머니 젖꼭지에 독약을 바르고 아우가 어찌 되는가 하고 기다렸다.
그런데 이게 웬일인가? 죽을 줄 알았던 한 살짜리 아우는 아무 일이 없고 이상하게 그날 옆집 아저씨가 갑자기 죽었다.

⟨1-28⟩

추가 그림

   본래 어둑한 뒤 골목인 데다가 그 집의 긴 담장은 한쪽 끝이 ㄱ자로 꺾인 곳이 있어 지나가는 행인이 그 코너에 쉬를 잘했다. 하여 그 악취가 담 넘어 집에까지 이르니 너무 고약했다.
   생각다 못해 그 집 주인영감은 담장 벽에 페인트로 가위를 그럴듯하게 하나 그려놓았다. 누구든 쉬하다가 들키면 가위로 자르겠다는 의지의 표현이었다.
   그러나 며칠이 지나도 그 코너에서 소변 냄새는 여전했다.
   '음, 남자만 쉬하는 게 아니라 여자들도 하는구나. 그렇다면 내가 그림 하나를 추가해야지.'
   혼자 그렇게 뇌까린 영감은 드디어 가위 그림 옆에 벌겋게 단 인두 그림 하나를 추가로 그려 넣었다.
   글쎄, 그 효과인지 그 날부터는 아무도 거기서 쉬하는 사람이 없었다.

⟨1-29⟩

누룽지 효과

　형제가 단 둘이만 살던 집에 형이 장가를 가서 새 형수가 살림을 도맡다시피 했다. 집이 워낙 가난한 이유도 있겠지만 시집온 지 한 달쯤 지나자 형수는 저녁밥을 줄 때 자기 남편인 형에게는 하얀 쌀밥을 주지만 시동생에게는 밥 대신 누룽지 밥을 주는 게 아닌가. 그걸 보고 형이 자기 아내에게 아우에게도 같이 밥을 주라고 해도 형수는 내내 누룽지만 끓여주었다. 그러자 머리가 좋은 시동생이 묘한 궁리 하나를 해 냈다. 하루는 형수가 밥을 하는 부엌 옆에 작은 개울이 흐르고 있는데 시동생은 부엌문 밖에서 그 개울 쪽에 자신의 양물을 꺼내 들고 세차게 소변을 보며 혼자 중얼중얼 말했다.
　"빌어먹을 밤마다 누룽지만 먹었더니 X힘만 쎄지고, 이거 젊은 놈이 X꼴려 살 수가 없네."
　그 말을 부엌에 있던 형수가 못 들었을 리가 없다.
　아니나 다를까, 그날 저녁부터 자기 남편에겐 누룽지 밥을 주고 시동생에겐 하얀 쌀밥을 주었다.

⟨1-30⟩

작은 것과 큰 것

자기 남편의 발이 너무 커서 구두를 신어도 흉해 보이자 아내가 다소 작은 구두 한 켤레를 사 가지고 와서 말했다.

"여보, 조금 작더라도 이 구두를 한 번 신어 봐요. 아주 예쁘잖아요?"

남편은 아내의 성의가 그런대로 고마워서 새 구두를 신기로 했다. 그러나 몇 번 신고 다녀보니 아무래도 구두가 작아 발이 아파 더는 신고 싶지 않았다.

"이봐요 당신은 작아도 좋은 것은 크면서 내 구두는 왜 이렇게 작은 것을 사와서 날 고생시켜?"

그러자 그의 아내가 화가 나서 하는 말

"흥 당신 말 다했어? 그런 당신은 커야할 것은 작고 작아도 되는 발은 왜 그리 커가지고 난리야?"

⟨1-31⟩

오리 알을 낳았다구요

그렇게 암탉과 금슬이 좋던 수탉이 어느 날부터 계속 암탉을 쪼아대며 아주 못살게 굴었다. 암탉은 정말 죽고 싶도록 괴로워하며 눈물만 흘리고 있었다.

다른 닭들이 그 암탉을 에워싸고 무슨 잘못을 했기에 수탉이 그렇게 미워하는가 하고 물었다. 암탉이 한숨을 내 쉬며 말했다.

"내가 글쎄 며칠 전에 오리 알을 하나 낳았지 뭐예요, 그랬더니 그만…."

제2장 미국놈도 이만 못해

자네나 말조심 하게 / 미친놈 여기서 무슨 고기를
짐승만도 못한 놈 / 어떤 남자랑 대화하나? / 벌써 한 달이 갔으니
결재는 해동이나 돼야 / 싼 여자 구하셨네
이제야 명관 하나 왔구나 / 그 집이라고 않겠어요?
그 짓은 못해 / 줄 게 있어야지 / 언젠가 이런 날이
할머니의 영어실력 / 유통기간 / 왜 연상의 여인을 / 고구마 막
그것도 외입이라고 / 한 껍질 벗기지는 않죠 / 공이 있으면 안 되지
돈가스 고기 / 나그네의 실망 / 그때 사진 박을 걸
좌우간 코는 코다 / 게시판 그림 / 미국 놈도 이만 못해
어머니가 대신 해보슈 / 기차놀이 / 홍합과 송이

⟨2-01⟩

자네나 말조심 하게

시어머니와 젊은 며느리가 날이 어둑어둑할 무렵에 강가 나루터에 당도했다. 꽤 젊고 어깨가 떡 벌어진 사공이 말하기를

"이 배는 배가 작아서 한 번에 한 사람씩만 태우고 강을 건널 터이니 그리 알고 둘 중에 한 사람만 타세요."

했다. 그러자 시어머니가

"날이 덜 어두워서 너 먼저 건너라. 난 늙었으니 어두워져도 좋다."

"그럼 어머니, 강 건너 백사장에서 어머니 오실 때까지 제가 기다리겠습니다."

하고 며느리가 먼저 배에 올라 강을 건너게 되었다. 그런데 강 중간쯤 가더니 사공이 노를 저을 생각은 않고 젊은 새댁에게 덤벼들어 옷을 벗기며 그걸 요구했다. 새댁은 완강히 거부했지만 말을 안 들으면 강물에 집어던진다고 하며 아주 우악스럽게 덤벼드니 젊고 힘센 그 사공을 도저히 당할 수가 없었다.

어쩔 수 없이 강간을 당한 셈이었다. 일이 끝나자 사공은 다시 노를 저어 강을 건네주었고 빈 배로 다시 저쪽 나루에 간 사공은 이 번엔 시어머니를 싣고 강을 건너오다가 또 그 짓을 강요했다. 설마 젊은 며느리만 당하고 말 줄 안 시어머니는 어이가 없었다. 시어머니도 처음엔 욕도 하고 저항을 했지만 힘세고 젊은 사공을 이길 재간이

없었다.
 결국 사공은 두 여인을 강간하고 돌아갔고, 강가에서 시어머니를 기다리던 며느리는 빙그레 웃으며
 "어머니는 봐 줄줄 알았는데 세상에 그 놈이 둘 다…."
 그러자 시어머니가 착 가라앉은 목소리로 차분히 말했다.
 "이 번 일은 너나 내나 다 일진이 사나워 당한 일이니 우리 둘만 알고 앞으로 절대 말조심하자!"
 그러나 그 말이 떨어지자 며느리가 기상천외의 대꾸를 했다.
 "흥, 앞으로 자네나 말조심 하소, 한 남자를 놓고 내가 먼저 봤으니 내가 자네 형님, 말하자면 큰 동서 아닌가?"

⟨2-02⟩
미친놈, 여기서 무슨 고기를

 정신과 병원에 입원한 나이 지긋한 한 치매 환자가 하루는 목욕실 욕조에 물을 꽤 받아놓고 어디서 구했는지 낚시 대를 드리우고 있었다.
 마침 목욕실 문까지 여러 둔 채 그러고 있으니까 그 앞을 지나가던 한 의사가 장난 삼아 물었다.
 "그래, 영감님 고기가 좀 잡힙니까?"
 그 말을 듣고 난 치매 영감
 "이 미친놈아 여기가 병원 목욕탕인데 고기는 무슨 고가가 잡히겠니?"

⟨2-03⟩

짐승만도 못한 놈

옛날, 한 청년이 길을 가다가 날이 저물었다. 아무리 걸어도 주막이 보이지 않아 속으로 큰 걱정을 하고 있는데 다행히 산 밑 어느 집에선가 불빛이 보였다. 청년은 부지런히 걸어 그 불빛이 보이는 초가집을 찾아갔다. 싸리문을 열고 들어가 하루 밤 유하고 가기를 간청했더니 웬 젊은 아낙네 하나가 방문을 열고 나와

"우리 집은 보시다시피 방이 단 한 칸뿐인데 남녀가 유별하거늘 그래도 같이 주무시겠습니까?"

하고 물었다.

"그래도 어찌합니까, 제가 재워만 주신다면 못된 수작은 결코 하지 않겠습니다."

나그네는 사정사정했다.

"정 그러시다면 들어오세요, 아직 저녁도 못 드신 것 같은데 저녁 긴지도 제가 차려드리쥬."

아낙네는 아주 선선히 청년을 맞았다. 하여 저녁 대접까지 잘 받고 밤이 이슥하도록 이런저런 이야기를 나누고 나자 아낙은 드디어 아랫목과 윗목에 잘 자리를 폈다. 아낙은 아랫목, 청년은 윗목에 눕게 됐는데 잠에 들기 전에 아낙이 물 한 대접을 떠가지고 들어와 이상한 제안을 하나 했다.

"손님, 제가 물 한 대접을 손님과 제자리 사이에 이렇게 떠다 놨

니 제발 주무시다가 이 물 대접을 치우고 못된 짓을 하자고 하지 마시기 바랍니다. 만일 손님이 그런 짓을 하자고 덤비시면 저는 손님을 꼭 짐승 같은 사람으로 생각할 테니까요."

"하하, 알겠습니다. 저도 사람인데 설마 짐승 같은 짓이야 하겠습니까."

그렇게 대답하자 아낙은 등잔불을 껐다. 그러나 어둠 속에 여인과 나란히 누운 청년으로서는 욕정이 사무쳐 잠을 이룰 수가 없었다. 허지만 자신의 입으로 짐승 같은 사람이 되지 않겠다고 다짐한 이상 차마 물그릇까지 치우고 그 짓을 하자고 덤빌 수는 없지 않은가. '암 나는 사람이지 짐승은 아니다' 그렇게 몇 번이나 다짐을 하고는 청년은 무사히 그 밤을 넘겼다.

하여 이튿날, 아침 대접까지 받고 그 청년은 몇 번이나 고맙다는 인사를 남긴 채 그 집을 나와 다시 길을 걸었다.

그러나 청년을 보내고 난 그 아낙네는 혼자 입을 삐죽거리며 이렇게 중얼거렸다.

"쳇, 하룻밤 재미 좀 보려고 재워줬더니 세상에 그놈은 짐승만도 못한 놈이잖아."

〈2-04〉

어떤 남자랑 대화하나?

낚시 광이라 할 만큼 낚시를 너무 좋아하는 한 남자가 있었다. 그는 주말만 되면 날씨는 상관하지도 않고 낚시를 하러 떠났다.
 어느 늦가을, 춥고 비 오는 새벽인데도 그는 내내 원거리 강 낚시를 갔다. 그러나 그 날은 너무 추운 가을 날씨라서 도무지 견딜 수가 없어 다시 버스를 타고 서울로 돌아왔다. 온종일 차를 타고 밤늦게야 집에 당도한 그는 부인에게 너무 미안해서 인기척도 내지 않고 현관문을 따고 들어가 살금살금 안방으로 들어가 옷을 벗고 침대에 누웠다. 그리고 부인 옆으로 다가가서 나직이 속삭였다.
 "오늘 날씨 정말 끔찍하다."
 그러자 부인이 졸음에 겨워하는 말
 "그렇죠, 그런데도 낚시에 미친 우리 남편은 오늘도 낚시를 갔다구요."

〈2-05〉

벌써 한 달이 갔으니

어딘가 우울하고 근심이 있는 듯한 남자가 술집에서 혼자 술을 마시고 있었다.

그 술집 주모가 궁금해서
"아저씨 무슨 근심이나 걱정거리가 있으세유?"
하고 묻자, 이 남자 한숨을 길게 내 쉬며
"있구 말구요, 좋은 세월이 다 갔으니 말이죠."
"좋은 세월이 뭔 데유?"
"한 달 전에 집 사람과 크게 싸웠습니다. 그 끝에 저의 부부는 한 달 동안 서로 이야기를 하지 않고 지내기로 약속했습니다. 그런데 오늘이 마지막 날이니 그 좋은 시간이 다 가버렸지 뭡니까. 그러니 이제 또 싸울 일만 남았다구요."

〈2-06〉

결재는 해동이나 돼야

겨울 날씨가 매우 추웠다. 더구나 구정이 지나더니 더 추웠다. 그래도 그 고을 홍 풍헌 영감은 처갓집에 세배를 가지 않을 수 없었다. 자기 부인과 함께 처갓집 세배를 마치고 집으로 돌아오는 길이었다. 시골 논둑길을 걷던 풍헌 부인이 갑자기 소변이 마렵다고 했다. 허허벌판 논길에서 마땅히 일을 볼만한 곳이 있을 리 없었다.
"그냥 이 언 논에 들어가서 일을 보시구려."
그 말을 듣고 풍헌 부인은 논에 들어가 꽁꽁 언 논바닥 위에 치마를 걷고 앉아 쉬를 하고 말았다. 그런데 문제가 생겼다. 날씨가 워낙 추운 탓으로 풍헌부인의 소변과 논바닥의 얼음이 순식간에 함께 엉겨 붙어 얼면서 부인 옥문 근처의 치모까지 그만 그 얼음에 달라붙고 말았다. 풍헌 부인은 그만 사색이 되었다.

"여보, 이리 와서 엎드려 입으로 여기를 좀 불어 보세유, 나 너무 따가워서 도저히 일어날 수가 없다구유."

"아니? 세상에 아무리 춰도 그렇지 거기 털이 얼음에 달라붙다니?"

풍헌 영감, 그러면서 어쩌는 수 없이 부인 앞으로 다가가 대뜸 엎드려 부인의 옥문 앞에 입을 대고 후후 불게 되었다. 그런데 문제는 그 털이 떨어지기는커녕 풍헌 영감의 수염마저 그 얼음 위에 달라붙고 말았다. 그러니 하나는 쪼그려 앉아 있고 하나는 엎드려 부는 꼴이 가관이었다.

그 괴상한 모습을 보고 있던 홍 풍헌의 시봉 역을 맡은 수행원이 참다못해 한마디 했다.

"풍헌어른 그렇게 엎드려 계시지만 말고 어서 가셔서 결재를 하셔야 하는데요."

그러자 홍 풍헌영감 하는 말

"허, 이 사람아 결재는 해동이나 돼야 허겠다."

⟨2-07⟩

싼 여자 구하셨네

부부가 바닷가로 여름휴가를 떠났다. 숙소를 정하고 아내가 짐을 풀어 정리하는 사이에 남편은 혼자 주변도 파악할 겸 해변을 걷고 있는데 한 여자가 접근해서 말했다.
"아저씨 5만 원에 잘 해드릴게요. 어떠세요?"
그 소리를 듣고 남자는 장난 삼아
"3만 원 밖에 없는데 어떻게 안 될까?"
그러자 여자가 화를 내며 말했다.
"아니, 이 아저씨가 누굴 싸구려로 아나? 딴 데 가서 알아보슈."
얼마 후 남자가 저녁을 먹고 아내와 다시 해변을 산책하는데 아까 그 여자를 또 만났다. 여자는 사람들이 다 들리게 큰 소리로 말했다.
"아저씨, 아이구 용케 싸구려 3 만 원짜리 구하셨네."

⟨2-08⟩

이제야 명관 하나 왔구나

옛날 어느 고을에 혼자 된 아버지에게 아주 지극한 효심으로 봉양을 잘해 널리 효자 부부라고 칭찬 받는 박 씨 부부가 있었다.

마침 그 고을에서는 해마다 최고의 효행을 베푼 사람을 선발하여 '효행 상'을 시상하는 제도가 있었는데 그 상을 거의 해마다 박 씨 부부가 타 온 것이 사실이었다.

그런데 한 해는 그동안 오래 있던 사또가 물러가고 신관 사또가 부임하여 여러 가지 제도를 바꾸고 새로운 제도를 마련하기도 했는데, 그해도 '효행 상' 시행 행사가 있자 내내 관아의 직원들은 또 박씨 부부를 수상자로 천거했다.

시상식 날이 되었다. 사또가 시상에 앞서 박 씨 부부를 굽어보며 관아 직원들에게 물었다.

"오늘 상을 타는 저 부부는 어떤 효행을 베풀었는가?"

"네, 혼자 된 아버지를 위해서 때때로 고기반찬을 대접하고 좋은 옷을 마련해 입혀드리며 가끔은 보약까지 지어드려 부친을 무병장수하도록 해 왔습니다."

"음 아버지 새장가는 안들이고?"

"네, 십 여 년을 혼자 살고 계십니다."

그러나 그 말을 듣고 난 새 사또는 갑자기 화를 벌컥 내더니 그 박씨를 향해

"네 이놈, 듣자 하니 너는 홀로 된 네 아버지를 다시 장가들여 재미있게 살도록 하지는 못하고 무슨 고기반찬이니 보약 따위로 효자 노릇을 했다 하니 가소롭기 짝이 없구나. '효행 상'은 취소한다. 그리고 형리는 이놈에게 불효 죄로 볼기 백대를 쳐서 돌려보내 거라!"

상 타러 갔다가 볼기만 백대나 맞고 집에 돌아온 아들 부부. 그 아버지는 어느새 그 소문을 미리 들었는지 얼굴이 죽을상이 된 아들 며

느리를 보고 환히 웃으며

"하하, 우리 고을에 이제야 정말 명관 하나 부임 했구나!"

〈2-09〉
그 집이라고 않겠어요?

어느 일요일이었다. 아침부터 날이 흐리더니 오후 3시쯤 되니까 가랑비가 제법 촉촉이 내리고 있었다. 이런 날이면 그 집 주인은 아내를 불러 그 짓을 한번 하고 싶은 충동을 늘 억제하지 못했다.

"여보 우리 날도 축축한데 한판 해봅시다."

은근한 목소리로 남편이 말했다.

"저도 하고는 싶지만 건넌방에 철수가 들으면 어쩌라구요?"

아내의 대답을 듣고 난 남편

"얘 철수야! 이리 좀 와봐라."

남편이 크게 소리 지르자 초등학교 2학년인 철수가 안방 문을 열고

"아버지 왜유?"

그랬다. 아버지가 나직한 목소리로

"야, 너 뒷집에 너의 반 친구 광호라구 있지? 개 하구 한 시간만 가서 놀다오면 안될까?"

그러자 철수 대답하기를

"아버지도 참, 오늘같이 가랑비 촉촉이 오는 날, 그 집이라구 그 짓 않겠어유?"

〈2-10〉

그 짓은 못해

    두 남자가 등산을 갔다. 그런데 그 중 한명이 숲 속으로 소변도 아닌 대변을 보러 가서 한 참 볼 일을 보다가 그만 갑자기 외마디 소리를 질렀다.
    "왜 그래?"
    길에서 기다리던 친구가 물으니
    "으악, 뱀이 내 거시기를 물었다."
    "뭐? 잠깐 기다려, 내 핸드폰으로 가까운 병원 전화를 알아서 물어봐 줄게."
    그 친구는 서둘러 114를 통하고 해서 겨우 한 병원 의사와 통화가 됐다.
    "여보세요, 병원이죠? 내 친구가 산 속에서 뱀에게 물렸는데 어떻게 하죠?"
    "물린 부분을 칼로 째고 입으로 독을 빨아내세요."
    친구는 잠시 생각하더니 다시 물었다.
    "그게 유일한 방법인가요?"
    "예, 당장 그렇게 하지 않으면 친구 분은 죽을 수도 있습니다."
    '하필 거기를 어떻게 째고 빨아? 그 짓은 못해'
    기가 막혀 말을 못하고 속으로만 그렇게 뇌까리고 있는 친구에게 뱀에 물린 남자가 신음하며 물었다.

"의사가 뭐라고 말하디?"

그러자 친구가 한숨을 푹 쉬며 말했다.

"너, 죽을 수도 있대."

〈2-11〉

줄 게 있어야지

부부가 사는데 워낙 가난해서 남편은 늘 나가서 막노동을 하고 거기서 받는 일당으로 근근이 살아가고 있었다.

하루는 남편이 일하고 돌아와 보니 아내가 이불 속에서 나오는데 그 속에 웬 외간남자를 누이고 있었다.

"여보, 이 남자가 도대체 누구요? 당신 나를 두고 이래도 되는 거요?"

남편이 아내를 곧 죽일 듯이 쏘아보며 말했다.

그러자 아내는 빙그레 웃으며

"이 남자분, 실직해서 이집 저집 다니며 구걸을 하는 데요, 우리 집에 와서 아무 거라도 좀 달라구 사정하지 않겠어요. 그런데 뭐 줄 게 있어야지, 그래서 가진 건 내 몸밖에 없다고 했더니 여자도 너무 굶었다면서 몸이라도 한 번 달라구 해서…"

"뭐요?"

남편은 그 자리에 풀썩 주저앉았다.

⟨2-12⟩

언젠가 이런 날이

　단간 방에 세 식구가 같이 자다보니 으레 남편이 성냥불을 켜서 한 열 살 난 아들 녀석이 자는지 안 자는 지를 확인하고 잠이 든 모습을 보고 나서야 부부가 그 일을 시작하곤 했다.
　그 날 밤도 좀 이르기는 해도 남편이 그 일을 빨리 시작하고 싶어 깜깜한 방에서 성냥 각을 찾아 아들 얼굴 위에 성냥불을 확 켜서 확인 하려는 순간, 웬걸 하필 불량성냥이라 성냥개비 끝에서 튄 불똥이 그날따라 그만 아들의 얼굴위로 떨어지고 말았다. 순간 아들은
　"앗 뜨거!"
　하고 비명을 질렀다.
　아버지가 낭패스런 목소리로
　"야, 미안허다.."
　했다. 그래도 아들 녀석 볼멘 목소리로 하는 말
　"흥 그 짓 할 때마다 성냥 켜 대더니 내 언젠가 이런 날이 올 줄 알았어!"

⟨2-13⟩

할머니의 영어실력

경상도 할머니가 버스 정류소에서 막 버스가 들어오자
"왓데이(what day)" 하자 그 소리를 들은 외국인이 월요일이라
"먼데이(Mondy)했다. 뭐냐고 묻는 줄 알고 할머니 다시
"버스데이(Birthday)했다. 외국인 '생일'이라는 줄 알고
"해피 버스데이(Happy birthday)" 하자 할머니 그게 아니니까
"시내버스데이" 했다.

⟨2-14⟩

유통 기간

나이 80이 넘은 영감님이 팁을 두둑이 준다는 바람에 돈이 아쉬운 30대 처녀가 그 일을 한 판 하기로 했다. 결국 두 사람은 은밀히 어느 모텔에 들어 그런대로 그 일을 잘 끝냈는데 며칠 뒤, 그 30대 처녀가 죽었다는 소문을 듣고 80대 영감님 왈
"지가 그럼 유통기간이 한참 지난 물건을 먹었으니 안 죽고 배겨?"

⟨2-15⟩

왜 연상의 여인을

일요일이라 엄마 아빠와 초등학교에 다니는 아들 둘이 안방에서 쉬고 있었다. 그런데 작은 아들이 제 엄마 품에 안겨 엄마 젖가슴을 어루만지며
"형, 나는 나중에 커서 꼭 엄마같이 예쁘게 생긴 여자하고 결혼할 거야, 세상에 엄마처럼 예쁜 여자는 하나도 없어!"
하고 거듭 제 엄마를 끌어안다시피 하자, 이 꼴을 본 애 아빠가 그 막내아들에게 다가가 꼴 밤을 한 대 주며 화를 냈다.
"이 새끼 하라는 공부는 않고 쓸 데 없는 소리나 하고…."
그때 꼴 밤을 맞고 울상이 된 막내를 보고 그 형이 하는 말
"넌 왜 하필 연상의 여인을 넘보다가 그렇게 당하니?"

⟨2-16⟩

고구마막

어느 시골 산 속에 작은 절이 하나 있었고 그 절 밑에 꽤 큰 고구마 밭이 있었다. 그 고구마 밭주인은 고구마 도둑을 막기 위해 밭머리에 감시용 움막을 지어 놓았다. 그런데 오후 6시쯤이 되면 그 움막

에 젊은 아낙네가 먼저 들어가 있고 한 5분 뒤엔 웬 건장한 젊은 청년이 꼭 뒤따라 들어가니, 이는 보나마나 그 둘이 남의 눈을 피해 그 일을 치루는 것이 분명했다.

그리고 그런 상황을 가장 잘 알 수 있는 사람은 고구마 밭 앞을 자주 지나다니는 그 절의 젊은 중이었다.

젊은 중은 약간 돌팔이 기질이 있는 중인지라 하루는 은근히 그 아낙네가 탐이 났다. 며칠을 궁리하던 끝에 그 중은 어느 날 드디어 오후 5시 40분 쯤 미리 그 움막에 들어가 누워 있었다.

아니나 다를까, 6시경이 되니 예의 아낙네가 움막 문을 제끼고 안으로 들어왔다. 그러나 움막 안에 웬 까까머리 중이 앉아 있으니 아낙이 화들짝 놀라며

"어머 중이네!"

하고 외마디 소리를 지를 수밖에. 그러자 중이 하는 말

"아주머니, 중은 뭐 X도 없는 줄 알아?"

⟨2-17⟩

그것도 외입이라고

어느 날 젊은 옹기장수가 팔다 남은 옹기지게를 지고 길을 가다가 너무 힘이 들어 산모퉁이 솔밭머리 잔디밭에 지게를 받혀놓고 그 지게 옆에 앉아 쉬고 있었다.

때는 꽃피는 봄이라 나른하기 그지없어 그는 잔디밭에 누워 우선 낮잠을 좀 잤다. 낮잠을 자고 일어나니 몸이 좀 거뜬해졌다. 그런데 마침 잔디밭 저 쪽에서 개 두 마리가 궁둥이를 마주대고 그 짓을 하는 게 아닌가. 그걸 보니 그도 젊은 사내인지라 은근히 이성이 그리웠다. 그러나 아직 총각신세이니 그 충동을 풀어 볼 방도가 없었다. 그는 순간 자기 집에서도 남 몰래 가끔 하던 자위행위를 생각해 냈다.

'나 같은 총각 놈, 또 그 짓이나 하자.'

옹기장수 청년은 누운 채 아예 자신의 양물을 꺼내 오른 손으로 감싸 쥐고 전에 하던 대로 자위해위를 시작했다. 한참을 그 짓에 열중하고 나니 역시 서서히 클라이맥스가 찾아왔다. 기분이 최고조의 고비에 도달한 순간, 청년의 양물 끝에선 정액이 분출되면서 그는 자신도 모르게 그만 두 다리를 쭉 뻗었다. 그러나 이게 웬 낭패인가? 두 다리를 쭉 뻗는 바람에 하필 옹기지게를 바치고 있던 작대기를 한쪽 발로 팍 차서 지게가 넘어지면서 그만 그 많은 옹기들이 와장창 다 깨지고 말았다.

어이없이 일어나 앉은 옹기장수 청년 하는 말
"허, 나 원 그것도 외입이라구 밑천이 설찮게 드네."

〈2-18〉

한 껍질 벗기저는 않죠

꽤 큰 회사의 사장 댁에 새 가정부가 들어왔다. 전라도 벽촌에서 살다가 남편마저 여의고 서울에 식모살이를 온 40대 초반의 아낙이다.

어느 날 밤, 사장과 그 부인이 안방에서 그 일을 치르면서 피임을 위해 사용한 콘돔을 휴지통에 버렸는데 새 가정부가 아침 청소를 하려고 안방에 가서 휴지통을 비우려다가 그만 그 콘돔을 발견한 것이다.

'세상에 이것이 뭣이랑가? 꼭 남자의 그 물건같이 생겼구먼 잉'

가정부는 도무지 아리송했다.

그때 마침 안주인이 안방에 들어오자 가정부가 그걸 치켜들면서 물었다.

"사모님, 이것이 뭐시랑가유? 꼭 남정네 그것 같이 생겼구먼이라우."

"호호, 아줌마도 처녀도 아니면서, 왜 그 일을 치르고 나면 더러 생기는 거 아니겠우?"

사장 부인이 예삿일처럼 말하자 가정부는 고개를 갸웃거리며

"저두 해 봤으니께 알기는 알쥬, 허지만 그 일 치르고 나서 그 물건을 이렇게 한 껍질 벗겨 낸 적은 없었지라우."

⟨2-19⟩

공이 있으면 안 되지

   중국 진(晉)나라 원제가 손자를 보았다. 자축하는 의미로 가까운 신하들을 모두 들라하여 하사품을 하나씩 주었다. 그런데 그 신하 중에 아첨 잘 하는 신하 하나가 입을 열었다.
   "마마, 이번 일에 저희 신하들은 아무 공훈이 없는데도 이렇게 과분한 하사품을 주시니 황공하기 그지없습니다."
   그러자 황제가 껄껄 웃어가며 말하기를
   "하하, 이번 일에는 경들의 공훈이 있어서는 아니 되지요."

⟨2-20⟩

돈가스 고기

   혼기에 접어든 한 청년이 선을 보러 나갔다.
   마침 처음 만난 아가씨가 참하고 예쁘게 보였다.
   기분이 좋아진 청년은 저녁식사 대접을 하려고 돈가스를 시켰다.
   그런데 그때 식당 안엔 피아노곡으로 쇼팽의 '즉흥환상곡'이 흘러나왔다. 그리고 시킨 돈가스도 식탁에 나왔다.
   "많이 드십시오."

청년은 음식을 권했다.
"네, 잘 먹겠습니다."
식사를 하며 청년은 자연스레 말을 걸었다.
"이 곡이 무슨 곡인지 아시겠죠?"
그러자 아가씨는 돈가스 고기를 천천히 씹으며
(곡이와 고기는 발음이 거의 같으니까.)
"이 고기는 돼지고기죠."

〈2-21〉

나그네의 실망

나이 40이 넘은 나그네 하나가 시골 길을 가다가 그만 날이 저물었다.
그래도 주막이라도 찾기 위해 계속 걷다 보니 산 밑에 외딴집 하나가 보였다. 나그네는 내심 '이제는 살았구나.' 하고 그 집에 찾아가 주인을 불렀다.
웬 아낙네 하나가 나오기에 하룻밤 유하고 가기를 간청했더니 방은 여유가 있지만 오늘은 자기 남편이 출타 중이어 곤란하다고 했다.
그래도 제발 살려달라고 애원하다시피 했더니 그 아낙도 보기에 딱했던지
"하긴 이 근처엔 동네가 없으니 들어와 주무시고 가세유."

했다. 나그네는 곧 사랑방으로 안내되어 들어가 자리에 누웠다. 그런데 아까 본 그 주인 아낙이 너무 젊고 예뻐 도무지 잠을 이룰 수가 없었다. 남편도 출타 중이겠다 얼마나 좋은 찬스인가. 허지만 재워 주는 것만도 고마운데 나그네 주제에 안방에 들어가 통정을 하자고 수작을 걸 처지도 아니지 않은가. 그래도 단념을 못한 나그네는 마음이 싱숭생숭, 혼자 군침만 흘리고 있는데 이게 웬 기적인가. 사랑방 문 앞에서 주인 아낙이 인기척을 내며

"아저씨, 아직 안주무시죠?" 했다.

"예, 아직 안자고 있습니다만…."

"혼자 주무시기 좀 쓸쓸하시죠?"

"네, 사실 좀, 그렀습니다만…"

나그네는 너무 황홀해 정신을 가다듬을 수도 없었다.

"호호, 그럼 아주 잘 됐네요, 마침 여기 길 잃은 노인 한 분이 오셨는데 이 분하고 함께 주무시죠. 서로 이야기도 나누시고…."

그 말이 끝나자 이내 한 남자노인이 방에 들어섰다. 나그네는 그만 맥없이 그 자리에 풀썩 주저앉고 말았다.

〈2-22〉

그때 사진 박을 걸

　시골에서만 살 던 노인 부부가 모처럼 서울 아들네 집에 왔다. 영감님이 몸이 안 좋아 병원에서 검진도 받고 치료도 할 겸 마나님과 함께 올라온 셈이었다.
　검진받으러 가기 전 날, 아들네 아파트 거실 벽에 아들과 며느리가 어깨동무를 하고 정답게 찍은 사진액자가 걸려 있었는데 그 사진을 보고 영감님이 무슨 예감이 들었던지
　"임자, 우리 부부도 저런 사진 한 장 박자!"
　하고 제안을 했다. 그러나 안 노인네는
　"다 늙은 주제에 사진은 박아서 뭘 하게유."
　하면서 싫다고 했다.
　그런데 이튿날 아들 따라 큰 병원에 검진 차 간 영감님은 대장암 판정을 받고 그 날로 입원, 치료를 받기 시작했으나 암 발견이 너무 늦어져 워낙 다른 부위까지 암 세포가 전이 된 뒤라 한 일주일 후에 그만 세상을 떠나고 말았다.
　영안실에서 울며불며 남편의 죽음을 애통해 하던 할머니, 3일장으로 남편의 장례를 치르고 다시 아들네 집에 돌아와서 거실에 걸린 아들 내외의 사진을 가리키며 엉엉 울면서 하는 말
　"아이구, 저렇게 영감이 박자고 할 때 우리도 박을 걸, 세상에 그것도 못 박고…."

⟨2-23⟩

좌우간 코느 코다

초등학생 아들이 거의 학교에 갈 시간이 임박했는데 남편이 부엌에 있는 아내를 안방에서 급히 불렀다. 무슨 영문인가 하고 아내가 들어서자 남편은 아내를 옷 입은 채 이불 속으로 잡아끌더니 당장 그 일을 시작하자 하고 덮쳐 버렸다. 한편 징그럽기도 하고 한 편 좋기도 한 아내는 아들이 들을까봐 아무 소리도 못하고 남편 하자는 대로 몸을 눕혀 그 욕정을 그런대로 풀어주었다. 그런데 일이 막 끝나고 제대로 닦지도 못했는데 부엌에서 아들놈이 아침밥 재촉을 했다.

"어무이, 펏떡 밥주이소, 학교 지각합니더."

"알았다, 그만 내 펏떡 밥 줄 끼다."

아낙은 옷매무새만 대강 고치고 부엌에 나가 밥을 푸기 위해 한발은 부엌 바닥에, 한 발은 부뚜막에 올려놓고 주걱 질을 하기 시작했다. 그런데 그때 부엌에서 다리를 벌리고 밥 푸는 어머니 모습을 보던 아들놈이 이상하게 어머니 한쪽 다리에 웬 콧물 같은 물기가 흘러내리는 것을 보았다. 아들이 말했다.

"어무이 다리에 코 흐른다."

"코, 아이다!"

아낙은 코란 말이 듣기 싫었다.

"코는 코다!"

"코 아이라니께니, 자꾸 코락하믄 니 밥 안 줄끼다."

그러자 고집 센 아들놈 하는 말
"어무이요, 내 밥을 몬 먹어도 코는 코다."

⟨2-24⟩

게시판 그림

초등학교 3학년 담임을 새로 부임한 여선생이 맡게 되었다.
부임한 지 한 주 쯤 지난 어느 날, 담임선생이 청소검사를 마치고 아이들이 다 귀가한 교실을 돌아보다가 무심히 교실 뒷벽에 붙은 게시판을 보다가 그만 화들짝 놀라고 말았다. 누가 그렸는지 게시판 바탕 흰 종이 위에 남자의 양물을 연필로 그려 놓았기 때문이었다. 여선생은 혼자 기겁을 하고 지우개를 가져다 그걸 지웠다.
그런데 그 이튿날도 청소 검사 후에 게시판을 가보니 그 그림이 또 있었는데 이번엔 어제 그림보다 더 크게 그려 놓았다. 이렇게 지우면 더 크게 그리고, 지우면 더 크게 그리기를 반복했다. 그렇게 며칠을 계속 그 그림 때문에 신경이 곤두선 여선생. 여선생은 참다못해 그 학교 교장실로 상담 차 찾아가 교장선생에게 자초지종을 이야기 했다. 그랬더니 그 이야기를 다 듣고 교장선생 하는 말
"그 그림은 아예 건들지 마세요. 원래 그건 건드리면 자꾸 더 커지게 마련입니다."

⟨2-25⟩

미국 놈도 이만 못해

　　10여 년간 미국에 이민 가서 살던 재미교포 아줌마 하나가 교통 사고로 남편을 잃은 뒤 서울에 볼 일이 생겨 일시 귀국을 했다. 그런데 볼 일을 웬만큼 마친 어느 날, 이 아줌마는 중학교 동창 친구 중에 제일 가깝게 지내던 영란이란 친구와 용케 통화가 됐다. 그 친구는 어느 요정의 마담으로 일한다면서 이런저런 이야기 끝에 너 과부 되고 나서 처음 귀국했는데 한국 남자와 연애 한 번 해 보라면서 자기 요정에 가끔 놀러오는 모 회사 김 사장이란 사람을 소개해 준다고 했다. 미국 아줌마는 처음엔 웃기만 하다가 워낙 돈도 잘 쓰고 몸도 건장하다고 하니까 그럼 셋이 우선 만나자고 했다.

　　하여 모 호텔 커피숍에서 세 사람이 만났지만 마담친구는 소개만 해주고 바쁘다고 먼저 가고 김 사장이란 남자와 단 둘이 남게 되자 그 미국 아줌마는 우선 자신의 결백을 누누이 강조하기 시작했다. 이를테면

　　"저는 미국에서 3년 전에 남편을 잃고 혼자 살아왔지만 남자라고는 아무도 만난 적도 없구요, 정말 너무 너무 깨끗하게 수절하고 살았는데요, 오늘은 제가 이상하게 제 친구 소개로 김 사장님을 뵙고 보니 너무 떨리구요, 아무튼 반갑습니다."

　　이렇게 호들갑을 떨자 김 사장도

　　"알겠습니다, 저도 제 아내 말구는 별로 이런 경험도 없습니다만

곧 미국으로 가실 분이고 외로운 분이라고 하니 아무 부담 없이 나왔습니다."

그렇게 말한 뒤 두 사람은 자연스레 호텔 방에 들어가 결국 그 일을 치르게 됐는데 그 김 사장이 놀랜 것은, 물론 자신의 남근을 접촉해 본 여자마다 칭찬한 적은 많았지만 그 미국 아줌마의 앞뒤가 다른 말이었다.

그 아줌마는 미국에서 과부가 된 뒤에 아무 남자도 모르고 수절만 했다더니 그 일이 시작 되자마자 자신도 모르게

"굿(Good), 굿. 아이구 쎄다! 어마어마, 너무 굿이다. 한국에도 이렇게 쎈 남자도 있구나!"

하더니, 그 말을 듣고 김 사장이 더 힘을 내자 이 아줌마 하는 말

"아이구 세상에, 미국 놈도 이렇게 쎈 놈은 없다구요."

〈2-26〉
어머니가 대신 해보슈

과수댁이 며느리를 얻었다. 며느리는 별 나무랄 데가 없이 일도 잘하고 사람도 착한데 한 가지 흠이 있다면 목소리가 좀 너무 크다 싶게 말하는 게 시어머니는 늘 마음에 걸렸다. 더구나 건넌방에서 저희 부부끼리 그 짓을 할 때면 아들소리는 별로 안 들리는데 며느리 좋아하는 그 소리가 좀 크다 싶게 안방까지 들린다.

어느 일요일이었다. 그날은 아들이 회사에 나가지도 않고 집에서 쉬는 데 시어머니가 대청에서 마늘을 까는지도 모르고 아들 며느리가 대낮에 그 일을 한판 벌이고 있었다. 그런데 역시 며느리의 감창(甘唱)이랄까, 호들갑 떠는 목소리가 대청마루에 까지 들려 왔다. 과부 시어머니는 도저히 참고들을 수가 없었다.

시어머니는 마늘을 까다말고 자기도 모르게 한마디 했다.

"애, 새아기야, 거 하는 건 좋은데 그 네 소리가, 좋아하는 네 소리가 너무 크다. 대낮이고 하니 목소리를 낮춰 좀 작게 할 수는 없겠니?"

그 말이 떨어지자 며느리는 숨이 목에까지 차는 소리로

"뭐라구요 어머니, 그럼 어머니가, 어머니가 대신 들어와서 해보슈, 이 소리가 나오나 안 나오나!"

〈2-27〉

기차놀이

아직 유치원에 다니는 아들을 둔 내외가 일요일이고 해서 집에서 쉬는데 밖에 봄비가 부슬부슬 내렸다. 아버지는 날도 촉촉하고 하여 자기 아내와 그 일을 한판 벌이고 싶은데 아들이 옆에서 놀고 있으니 아주 난처했다.

하여 한 참 궁리한 끝에 아버지가 기차놀이를 아들에게 제안했다.

"야 철수야, 아버지는 어머니를 타고 너는 아버지를 타고 그래서 3층으로 된 기차가 막 달려가는 기차놀이 한 번 해 볼래?"

"그런 놀이도 있어요? 좋아요."

철수가 좋다고 하자 철수 아버지는 자기 아내를 요 위에 누우라고 했다. 그리고는 철수를 등에 업고 아내를 덮쳤다. 무릎을 꿇고 아내의 옥문에 가까스로 자신의 양물을 집어넣은 철수 아버지는

"칙칙 폭폭, 칙칙 폭폭"

하며 기차놀이를 시작했다. 그때마다 철수 아버지의 거시기는 자기 아내의 꽃샘을 피스톤 역할을 하며 제대로 공략했다. 아내가 흥분이 되어 몸을 뒤틀고 철수 아버지의 허리도 마구 흔들리기 시작하자 철수는 그만 아버지 등에서 밑으로 떨어지고 말았다.

철수 아버지는 그래도 그 좋은 작업을 중단할 수는 없었다. 그 광경을 엎드려 유심히 본 철수

"어머, 나는 3층에서 떨어졌는데 아버지는 2층에서 왜 안 떨어지나?"

그러더니 이내 철수가 고개를 끄덕이면서 하는 말

"아하, 아버지는 엄마 배에다가 말뚝을 하나 박았구나!"

⟨2-28⟩

홍합과 송이

　옛날 선비 하나가 말을 타고 가다 막 산 등성이를 넘어 쉼터가 있기에 나무에 말을 매고 좀 쉬려고 하는데 마을로 흐르는 개울가에 웬 빨래하는 아낙네들이 너 댓이나 보였다.
　그런데 그 때 마침 스님 한 분도 선비 옆에 와서 앉으며 쉬고 있었다.
　선비는 아낙네들을 보니 그도 남정네인지라 은근히 시흥(詩興)이 일어
　"스님, 내 우스갯소리 비슷한 시 한귀를 생각해 놨으니 그 댓귀는 스님이 한 번 지어 보시겠수?"
　하고 말을 걸었다.
　"글쎄올시다. 소승이 글이 짧아서 잘 할 줄은 모르지만 어디 한 번 지어보시구려."
　스님이 그쯤 나오자 선비는 거침없이
　"하하, 계변홍합개(溪邊紅蛤開)로다." 했다.
　즉 시냇가에 붉은 조개들이 많이 열려 있구나, 하는 음흉한 싯귀였다.
　그러자 스님은 빙그레 웃으며
　"선비 어른이 육물로 차리셨으니 소승은 소채를 마련하지요."
　하더니 대뜸

"하하, 마상송이동(馬上松栮動)이라." 했다.

곧 말위에 탄 선비의 송이가 자연스레 살아 움직이는구나. 하는 걸쭉한 댓귀였다.

그 싯귀를 듣자 선비는 껄껄 웃으며

"스님, 제가 그만 스님에게 지고 만 셈이군요."

하고 먼저 길을 떠났다.

제3장 나만 영감 있잖아

빨아보라는 놈은 봤어도 / 당신 정신 차례! / 직업 본능
영어라도 잘 했지 / 나만 영감 있잖아 / 시어머니의 질책
모텔 뒷문 / 의사가 죽었다면 / 충청도 노부부
10에 뭐가 붙었는데 / 갓끈 뗀 이야기 / 미국에서 제일
시간 있으세요? / 유부녀면 최고지 / 밑에다 깔아!
나머지 4분은? / 남정네들 순서를! / 오리 알처럼 큰데
커피를 쏟고 나니 / 할머니의 명언 / 여비서 면접시험
바닷조개 / 공통점은? / 할머니를 닮아서
교대로 업으며 / 오늘은 들어가야 해! / 수영이 문제죠
네가 닫고 와라 / 비 아니라 벼락이 쳐도
솔직해지자! / 굴비 장수

〈3-01〉

빨아보라는 놈은 봤어도

나이 지긋한 여자가 애인과 말다툼 끝에 홧김에 술을 몇 잔 마시고 겁도 없이 차를 몰고 집에 가는 길이었다. 금요일 밤이라서 그랬는지 예상한대로 교통순경들이 음주 단속을 하고 있었다.
"아주머니, 음주측량 좀 하겠습니다. 이걸 좀 불어 보시죠."
이 여자 술 마신 사실이 있으니 가슴이 덜컥했다. 그러나 워낙 배짱이 좋은 데다 아직 화도 덜 풀린 터라
"야! 이렇게 길쭉한 걸 내밀면서 빨아 보라는 놈은 봤어도 너희들처럼 불어보라는 놈들은 첨 봤다!"

〈3-02〉

당신 정신 차려!

장가들고는 처음으로 아내와 함께 처가에 간 신랑이 있었다. 그런데 처갓집이 너무 가난해 딱 방이 한 칸 밖에 없어 신혼인데도 아내와 재미를 보기가 좀 그랬다. 하루 밤을 그냥 보낸 신랑, 초저녁에 처가동네 사랑방에 마을을 가면서 아내에게 미리 당부를 했다.
"내 밤 11시 쯤 마실 갔다 올 테니까 당신이 문지방 바로 아래에

누워 자라고, 그러면 우리 아무리 어두워도 한 판 할 수 있잖아?"

"알았다구요."

그의 아내도 신랑이 그립기만 해서 좋아했다.

그런데 그 내외의 이야기를 그만 처제가 들었다. 은근히 형부가 탐나는 처제, 밤 10시 넘어 잠자리를 정하는데

"언니, 오늘은 내가 문지방 밑에서 잘게, 날도 추운데 언니를 바람 들어오는 맨가에서 자라고 할 수는 없잖아?"

"괜찮아, 나도 아직 젊은데 뭘."

언니가 그랬어도 동생은 막무가내로 베개를 들도 문지방 밑으로 갔다.

어쩔 수 없이 언니는 문지방 밑자리를 내주고 신랑을 기다렸다.

아니나 다를까, 밤 11시 쯤 되니까 방문이 열리고 신랑이 들어오더니 어둠 속에서 무조건 문지방 밑에서 자는 여자를 덮치고 그 일을 시작했다. 그러나 한참 하다 보니 아무래도 자기 아내가 아닌 느낌이 들자 신랑은 일을 중단 하고 그 옆을 보았다. 내내 자기 아내가 잠을 못자고 눈을 반짝이며 누워 있었다. 처제를 건드렸구나 하는 죄책감이 들자 신랑은 순간 몸을 옮겨 아내에게로 갔다. 그리고는 다시 그 일을 열나게 시작했다.

어둠 속이지만 이 광경을 잠을 못자고 보고 있던 장인이 가만 생각하니 다음은 자기 아내의 차례가 아닌가. 그런데도 자기 아내는 아무 것도 모르고 잠만 자고 있으니 아내가 한심하고, 겁이 날 밖에. 하여 아내의 귀에 대고 경황없이 하는 말

"임자! 아직 자는겨? 정신 차려 이 사람아! 지금 차례로 줄 x 쳐들어와!"

〈3-03〉

직업 본능

    같은 의과대학을 나왔어도 전공이 다른 두 친구, 고등학교 동창이고 보니 서로 엄청 친한데도 하나는 산부인과요 하나는 치과라 상대방 일에 궁금한 게 많았다.
    그러나 치과에 궁금한 일보다는 산부인과에 궁금한 게 많다보니 늘 치과 친구가 산부인과 친구에게
    "야, 나도 의사인데 까운 입고 들어가서 그걸 한 번 볼 수는 있잖아?"
    하며 가끔 사정을 해 오곤 했다.
    하루는 마침 치과의사 친구가 놀러 왔는데 그때 자궁암 초기 환자가 진찰실에서 대기하고 있었다. 산부인과 친구가 말했다.
    "너 그럼 들어가서, 이 여자는 자궁암 초기 환자이니까, 거길 보고 아직은 단정할 수 없습니다. 더 기다려 보세요. 대강 이렇게만 이야기하고 나올래?"
    라고 했다.
    치과의사 신이 나서
    "그래, 내가 뭐 긴 이야기 할 게 뭐 있겠어?"
    하고는 드디어 가운을 입고 환자에게 접근할 기회를 얻었다.
    처음엔 두 의사가 같이 진찰실에 들어갔다. 산부인과 전공 의사가 환자를 눕히고 옷을 제껴 자궁 쪽을 완전히 들어내 놓도록 한 뒤 치

과의사에게 혼자 진찰할 시간을 주려고 슬그머니 진찰실을 나갔다. 그러자 치과의사, 환자의 자궁을 보며 입을 열기를

"아직은 단정할 수 없습니다만…."

거기까지는 좋았는데 그 순간 치과의사, 자신의 직업본능이 나와서

"손님, 자아 아아 해보세요, 아아!"

⟨3-04⟩

영어라도 잘했지

아들이 학교 공부를 못해서 늘 마음이 아픈 어머니가

"넌 도대체 장래 무슨 일을 하고 살려고 그렇게 학교공부를 못하니?"

하고 한탄을 했다. 그랬더니 아들 녀석이 태연하게 하는 말

"어머니, 발명왕 에디슨도 나처럼 학교공부는 못했어도 나중에 훌륭한 발명가가 됐잖아요?"

했다. 그러자 어머니 하는 말

"인석아, 에디슨은 영어라도 잘 했지."

⟨3-05⟩

나만 영감 있잖아

　70대의 K할머니가 모처럼 여고 동창생 모임에 나갔다. 6~7명의 할머니들이 모였는데 공교롭게 모두 과부가 되어 남은 여생을 아주 자유롭고 신명나게 살아가고 있다고 자랑들을 했다.
　동창회를 마치고 집에 돌아온 K할머니, 이상하게 입이 삐죽 나와 남편에게 말도 않고 시무룩했다. 남편이 그 모습을 보고 왜 그렇게 저기압인가하고 물었다.
　K할머니 신경질 나는 목소리로 하는 말
　"동창회 나갔더니 다 과부인데, 빌어먹을 나만 영감이 살아 있잖아?"

⟨3-06⟩

시어머니의 질책

　시어머니도 과부, 며느리도 과부 이렇게 쌍과부가 사는 집이라 잠도 한 방에서 둘이 나란히 누워 자곤 했다.
　어느 날, 초저녁부터 가랑비가 내리는 촉촉한 밤이었다.
　두 과부가 일찍 자리를 펴고 누웠다.

남정네가 그리운 며느리 과부가 한숨처럼 말했다.
"빌어먹을, 오늘 같이 비가 구질구질 오는 날은 천정에서 빠나나 하나 뚝 떨어졌으면 좋겠다."
그러자 옆에 누운 과부시어머니 앙칼지게 하는 말
"야, 그 빠나나 한 개 더 떨어지라구 하면 어디가 덧 나냐?"

⟨3-07⟩

모델 뒷문

여름방학이 되자 시골에서 고모네 가자하고 초등학생 친정 조카들이 서울 고모네 집에 서넛이나 와 있었다. 그 아이들 고모부인 박 사장은 갑자기 아이들이 많아 안방까지 아이들과 함께 쓰다 보니 자기 아내와 그 일을 하기가 어렵게 됐다.
하여 박 사장은 그날 퇴근 전에 저녁식사는 회사 간부들과 한다는 계획도 알릴 겸 아내에게 전화를 걸었다.
"여보, 아이들 때문에 방도 없고 하니까 당신 오늘 저녁 먹고 밤 9시 경에 우리 동네 은행 옆에 있는 장미모텔로 와요, 거기서 만나 우리끼리 재미 한 번 보고 집에 들어갑시다."
"어유, 너무 좋다, 당신 어떻게 그런 아이디어까지 냈어요? 안 그래도 친정 조카들 때문에 당신에게 미안해 죽겠는데, 네 나갈게요."
하여 두 사람은 9시경에 모텔 프런트에서 만나 3층에 방을 배정

받고 들어가 모처럼 부부가 운우의 정을 신나게 나눴다.

그 뒤 옷을 차려입고 승강기를 타고 내려오면서 박 사장이 아내에게 자연스레 말했다.

"이 모텔은 후문이 없나? 아무리 우리가 부부지만 정문으로 나가다 동네 사람 중에 누구든 우리를 보면 흉볼 텐데."

그 말을 듣자마자 이 정신 없는 여자, 자기 남편인 것도 잊고 대뜸 하는 말.

"후문? 내가 더러 와 봐서 잘 알아요."

〈3-08〉

의사가 죽었다면

자기 남편이 암에 걸려 오래 입원을 하다 별 희망이 없자 집에 옮겨 놓고 떠날 날만 기다리는 아내가 있었다.

하루는 거의 의식을 잃어가는 듯해서 다급히 아내가 의사를 왕진해 달라고 청했다. 의사가 오자 얼마 있다가 그의 남편은 숨도 제대로 못 쉬고 맥박도 거의 뛰지 않는 상황에서 사경을 헤매고 있었다. 그러기를 한 10분하더니 이 번엔 의사가

"사모님, 이제 운명하셨습니다."

했다. 그런데 그 말이 떨어지고 얼마 있다가 환자가 다시 눈을 뜨고 자기 아내를 쏘아봤다.

그의 아내는 그 순간 충격에 부들부들 떨면서
"여보 당신은 죽었어요. 아니 의사 선생님이 죽었다면 그건 진짜 죽은 거라구요."

⟨3-09⟩
충청도 노부부

충청도 노부부는 그 일을 치르기 전 후의 대화가 아주 간단하다.
영감; 헐겨?
마누라; 혀
한참 후
영감; 워뗘?
마누라; 헌겨?
영감; 또 할겨?
마누라; 됐시유.

⟨3-10⟩

10에 뭐가 붙었는데

시골에서만 살던 할머니가 모처럼 서울 딸네 집에 와서 며칠을 있었다. 이 할머니가 하루는 내내 같은 서울에 사는 당신 친정 동생네 집에 가려고 딸에게 버스 편을 물어봤다. 딸이 말하기를
"어머니 이모네 집에 가시려면 우리 동네 버스 정류장에 가셔서 십 다시 이번(10-2)만 타시고 그 버스 종점에서 내리시면 큰 교회가 있고, 그 교회 바로 뒤에 이모네 붉은 기와집이 있으니 가셔서 초인종만 누르시면 이모님이 곧 나오실 거유."
라고 자상히, 그것도 몇 번 반복해서 일러 주었다.
고개를 주억거리면서 알겠다는 표정으로 딸네 집을 나온 할머니, 그러나 막상 버스 정류장에 서고 보니 '십'이란 숫자는 생각이 나는데 그다음이 막막했다. '십' 다음에 딸이 뭐라 했는데 그게 뭐던가 그만 생각이 감감했다. 그래서 이 할머니 지나가는 행인을 붙들고 이상한 소리를 하기 시작했다.
"아저씨, 저 십은 십인데 거기 뭐가 더 붙었구만이라우, 그 버스가 무슨 버슨지?"
이런 식으로 자꾸 번갈아 물어도 사람들은 할머니 이야기를 알아듣지를 못했다.
"글쎄, 십은 십인데 뭐가 붙었다는데…."
할머니가 나이 지긋한 한 아저씨를 붙들고 또 이 말을 하자 그가

걸쭉하게 내 뱉는 말

"할머니 거기에 뭐가 붙었다 하면 그건 그 털 밖에 뭐가 더 있겠수?"

⟨3-11⟩

갓끈 뗀 이야기

초나라 장왕(莊王)은 호걸다운 기풍이 있었다. 한 번은 큰 누각에서 가까운 신하들을 수 십 명 초대해 놓고 큰 잔치를 베풀었다. 그런데 황제의 옆에 앉아 시중드는 장왕의 애첩이 너무 예뻐 그 좌중의 한 신하가 몸 둘 바를 몰라했다. 저 미인을 한 번만 안아 라도 봤으면 얼마나 좋을까. 그 신하가 그런 공상에 젖어 있는데 그때 마침 바람이 휙 불어와 누각 안의 모든 촛불이 한꺼번에 꺼졌다. 그러자 그 신하는 어둠 속에서 '때는 이때다.' 하고 자신도 모르게 일어나 그 황제의 애첩을 끌어안고 강한 포옹을 했다. 그러나 그 순간 그 애첩은 소리는 지르지 않고 그 신하의 한 쪽 갓끈을 잡아떼어 손에 쥐고는 어둠 속에서 황제의 귀에 속삭였다.

"폐하 촛불이 꺼지자 저를 끌어안은 아주 못되고 당돌한 신하가 있기에 제가 그 신하의 갓끈을 떼었습니다."

"허허, 그래? 알았다."

그 말을 들은 그 신하는 '나는 이제 죽었구나' 하고 간이 콩알만 해졌다.

그러나 황제는 그렇게 대꾸 하더니 갑자기 다음과 같이 명을 내렸다.

"경들은 다 들으시오, 아직 촛불을 켜지 말도록 하고, 경들은 모두 한쪽 갓끈을 떼시오. 만일 경들 중에 한 쪽 갓끈을 떼지 않은 사람은 내게 크게 혼 날 줄 아시오!"

신하들은 영문도 모르고 황제의 명대로 모두 한 쪽 갓끈을 뗐다. 그리고 그 뒤 다시 촛불을 켜게 했다. 갓끈 한쪽이 다 없으니 범인은 찾을 수 없었다. 과연 대장부다운 황제의 관용이었다.

몇 해 후, 그 신하는 장왕의 그때 그 은혜를 잊지 않고 전장에 나가 황제를 위해 적을 물리쳐 큰 공을 세웠다고 한다.

〈3-12〉

미국에서 제일

미국에 사는 딸 덕분에 미국을 구경하고 온 시골 할머니가 동네 할머니들에게 자랑을 했다. 그러니까 한 할머니가 묻기를

"그럼 미국에서 어디가 제일 볼만 하던가유?"

이렇게 묻자, 이 무식한 할머니, 자신이 본 중에 가장 신기하던 '그랜드캐년'을 연상하며 하는 말

" 그 중에서는 그래두 '그년두 개년'이 젤루 볼만 하던데유."

"그럼, 그 다음에 볼만한 곳은 워디던가유?"
그러자 이 할머니 '디즈니랜드'를 연상하며 하는 말
"그 다음으로는 아마 '뒈질 년들'이라고 있지 거기도 볼만허지."

〈3-13〉

시간 있으세요?

어느 청년이 백화점에 볼 일이 있어 나왔다가 그만 백화점 입구에서 날치기에게 지갑을 도둑맞았다. 물건 살 일은 그만두고 집에 갈 교통비까지 잃은 그 청년, 마침 예쁜 처녀 하나가 지나가자 사정을 하기 시작했다.

"아가씨, 여기서 지갑을 도둑 맞았는 데요, 집에 갈 교통비도 없습니다. 돈을 조금만 빌려 주실 수 있겠습니까?"

그러자 이 아가씨

"그럼 오늘 시간 좀 내주실 수 있으세요?"

했다. 청년은 그 말을 듣고 이게 웬 떡이냐 싶어

"그야 얼마든지 낼 수 있죠."

그러자 아가씨 하는 말

"호호, 그러면 걸어서 집에 가세요."

⟨3-14⟩

유부녀면 최고지

 평소 다소의 바람기가 있던 이군이 드디어 강양과 결혼을 했다. 식을 올리고 두 사람은 제주도로 가서 예약된 호텔에 짐을 풀고 해변에 나가 횟집에 들러 푸짐하게 저녁식사를 한 뒤 다시 호텔에 돌아와 정말 격렬한 섹스로 신혼의 정을 나눴다.
 신부가 해복감에 젖어 신랑의 가슴을 어루만지며
 "자기 정말 최고였어, 앞으로도 계속 이렇게 잘 해줄 거지?"
 그러자 신랑이 말했다.
 " 당연하지, 난 원래 유부녀라면 최고로 아는 남잔데 뭘."

⟨3-15⟩

밑에다 깔아!

 나이 지긋한 스님이 냉면도 팔고 칼국수도 파는 식당에 들어갔다. 스님이 좀 구석 자리에 자리를 잡고 앉자 심부름 하는 총각이 와서 주문을 했다.
 "냉면!"
 스님이 주문을 하자 총각은 무슨 말을 할듯하더니 그냥 주방 쪽으

로 갔다. 그러나 좀 있다 그 총각이 다시 홀에 나오더니 좀 망설이는 말투로

"스님, 냉면 위에 얹는 그 수육 말입니다. 그걸 어떻게 할까요? 아예 뺄까요?"

그러자 스님 약간 화가 난 얼굴로

" 짜슥아, 밑에다 깔아!"

〈3-16〉

나머지 4분은?

한 중년 부부가 친목 모임에 나갔다. 식사도 끝나고 한껏 분위기가 자연스러워지자 사회자가 그 부부에게 물었다.

"남편 되시는 분, 만일 당신에게 앞으로 살 시간이 딱 5분만 남았다면 그 5분을 어떻게 보내시겠습니까?"

그러자 그 남편 곰곰이 생각하더니 이렇게 말했다.

"글쎄요, 딱 5분만 남았다면 그야 물론 제 아내와 아주 격렬한 섹스로 마지막을 장식 하겠소."

그 말을 듣고 난 그의 아내, 고개를 갸우뚱 하며 하는 말

"여보, 그럼 1분 뒤에 나머지 4분은 뭘 하려우?"

〈3-17〉

남정네들 순서를!

　나이 40에 가까운 노처녀가 있었다. 아무리 시집을 가려고 선을 보고 별별 남자를 다 만나 봤어도 영 결혼이 성사 되질 않았다. 어쩔 수 없이 하루는 점쟁이 노파를 찾아갔다. 그 점쟁이 하는 말
　"아가씨는 금생엔 아무하고도 부부로 살 인연이 없습니다. 그러니 금생은 단념하고 내생에나 기대를 해 보세요."
　그 말을 듣고 나온 이 처녀, 속으로 '내생이라면 죽어서 가는 세상 아닌가, 그렇다면 아예 일찍 내생을 찾아가기로 하자' 이렇게 결심을 하고 어느 날 밤 3층 빌라에서 자살을 결심하고 뛰어 내렸다. 그런데 이 처녀, 땅에 떨어진 게 아니라 공교롭게 그때 마침 그 빌라 앞을 지나가는 바나나 장사의 트럭 위에 떨어지게 된 것이다.
　트럭 위인지도 모르고, 바나나 위인지도 모르고 그냥 실려 가면서 이 처녀 겨우 정신을 수습하며 손을 내밀자 손에 걸리는 것이 모두 남자의 거시기라!
　점쟁이 노파의 말이 맞기는 제대로 맞구나 하며 기쁨 속에 이 처녀 외치는 말
　"남정네들 이렇게 많이 와 줘서 고맙습니다만 한꺼번에 이러시면 안 되죠, 순서를 정하시고 차례대로 덤비셔야죠."

〈3-18〉

오리 알처럼 큰데

양계 업을 하는 영감, 한 번은 달걀을 도매로 넘기려다 보니 꼭 오리 알처럼 크고 색깔도 다소 오리 알 비슷하게 누런 알을 하나 발견했다.

달걀을 사러 온 업자에게 영감이 말했다.

"아무리 도매로 넘기는 판이지만 이 달걀은 오리 알처럼 큰데 값을 곱으로 쳐 주셔야죠."

그러자 업자는

"어쩌다 한 개가 크다고 값을 더 쳐드릴 수는 없습니다."

거래가 끝나고 업자는 돌아갔다. 그러나 양계장 영감은 은근히 화가 안 풀려 닭장 문을 확 제끼면서

"야! 이 암탉 년들아, 네년들 중에 오리하고 한 년 나와!"

〈3-19〉

커피를 쏟고 나니

어떤 남자가 친구를 만나려고 다방에 들렀다. 그런데 약속시간이 다 됐는데도 친구가 아직 오지를 않았다. 그는 좀 지루해서 레이디

를 불러 커피를 한잔 시켰다.

그런데 이 레이디가 커피를 가져와 티 테이블에 막 놓으려다 그만 실수를 해서 그 커피를 손님 바지 쪽에 쏟고 말았다. 그것도 하필이면 그 남자의 거시기 위에.

"에그머니나! 손님 미안해서 어쩌죠?"

그러자 그 남자가 태연히 물었다.

"이 커피엔 카페인이 들어 있다죠?"

"네, 손님."

"그러니 이놈 밤새 잠 못 자고 고생하겠는걸."

〈3-20〉

할머니의 명언

손자 손녀들이 명절 때라 시골 할머니 댁에 서넛이 모였다. 떡도 먹고 과일도 먹으면서 화기애애한 한때를 보내고 있었다.

그 중 제일 큰 손자가 할머니에게 물었다.

"할머니, 다음 세상, 그러니까 저승에 가셔서두 지금 할아버지와 또 결혼 하시겠어유?"

"그럼 저 세상에 가서두 늬 할아버지 허구 살아야지 뭘."

"할머니, 왜 꼭 그래야 돼요?"

"왜냐구? 남자, 그 놈이 다 그 놈여."

〈3-21〉

여비서 면접시험

사업도 잘하지만 호색가라 할 정도로 여자를 좋아하는 박 사장이 딱 한명 뽑는 여비서 면접시험을 실시했다. 모두 다섯 명의 아가씨들이 면접에 응했다.

"여러분, 여자는 입이 둘이지요? 그 두 입의 차이점을 나눠 드린 이 A4 용지에 딱 한가지씩만 써서 내세요."

얼마 후 박 사장은 그 답안지를 읽어봤다.

1번; 하나는 위에 있고, 하나는 밑에 있습니다.

2번; 하나는 가로로, 하나는 세로로 찢어져 있습니다.

3번; 하나는 주위가 깔끔하고, 하나는 털이 수북해서 지저분합니다.

4번; 하나는 음식을 먹지만 하나는 가끔 거시기를 먹습니다.

5번; 하나는 제 것이고, 다른 하나는 사장님 것입니다.

이 답안지를 읽은 박 사장, 그 날은 응시자를 모두 귀가 시키고 각자의 집에 등기 속달을 보냈는데 모두 불합격이고 5번에게만 합격이라고 통지했다.

〈3-22〉

바닷조개

　서해안에서 소금을 배에 싣고 다니며 도매업을 하는 한 소금 장수. 그가 짐짓 군산항 근처의 한 객주 집에 들렀다가 그 집 아가씨의 미색에 그만 반하고 말았다.
　하룻밤만 그 아가씨와 정을 나누고 가겠다고 작심하고 객주 집에 묵었는데 그만 그 아가씨의 애교 넘치는 웃음과 사람을 사로잡는 기막힌 색정에 반하여 꼬박 사흘 밤을 객주 집 별채에서 묵고 나니, 그 화대(花代)며 술값이 자그만치 배 3척에 실은 소금 값과 맞먹었다.
　소금장수, 지갑을 다 털어 그 돈을 모두 내놓고 다시 배를 타고 나오며 그 객주 집을 향해서 하는 말
　"야, 그 바닷조개, 사흘 만에 소금 세 배를 다 먹고도 짜단 말 한마디도 않더구만."

〈3-23〉

공통점은?

　고등학교 3학년 학생이 어디서 들었는지 제 친구들 셋을 모아 놓고 "내가 단답형 문제를 낼 터이니 맞춰 봐라, 맞추면 내가 붕어빵을

사고 못 맞추면 너희들이 돈을 모아 자장면을 사는 거다."
"문제나 내 봐라."
그러자 다음과 같은 문제를 냈다.
1) 붕어빵 장사의 붕어빵이 탔다.
2) 둘이 결투하던 서부의 총잡이 중 하나가 총에 맞아 죽었다.
3) 처녀가 임신을 했다.
"정답이 뭐냐?"
세 학생은 모두 꿀 먹은 벙어리가 되었다.
그러자 그 학생이 정답을 발표했다.
"정답, 너무 늦게 꺼낸 때문이다."

〈3-24〉

할머니를 닮아서

네 살 난 아들을 시어머니에게 맡기고 직장 생활하는 여자가 시어머니에게 긴히 할 말이 있어서 집에 전화를 걸었다.
"여보세요?"
전화를 아들이 받았다.
"어마, 우리 아들이 받네, 아들 맘마 묵은나? 그래 할머니는 머하노?"
"디비잔다."
언제부턴가 할머니 말투를 닮아서 아들은 그대로 대꾸한다. 그래

도 시어머니와 통화는 해야 할 것 같아서

"할머니 좀 바꿔줘!"

하니까, 아들이 하는 말

"깨우면 억수로 지랄할낀데…."

⟨3-25⟩

교대로 업으며

할아버지와 할머니가 길을 가다가 먼저 할아버지가 할머니를 업고 가기로 했다.

할아버지 등에 업힌 할머니가

"영감, 나 아직도 꽤 무겁죠?"

하고 심드렁하게 묻자, 할아버지 하는 말

"무겁고 말고, 얼굴엔 철판을 깔았지, 머리는 완전 돌이지, 간은 부었지, 그러니 안 무거울 수 있나?"

얼마 후, 이 번엔 할머니가 할아버지를 업고 가기로 했다.

"마누라, 난 등치보다 그리 무겁지 않지?"

하고 묻자, 할머니 태연히 하는 말

"당연히 가볍지. 머리는 텅 비었지, 허파에는 바람만 들었지, 양심은 없지, 싸가지도 없지 그러니 가벼울 밖에."

〈3-26〉

오늘은 들어가야해!

평소에 술을 너무 좋아하는 한 남자가 그날도 아주 만취가 되어 집에 돌아왔다.
"누구랑 그렇게 마셨어요?"
아내가 묻자
"회사 직원 끼리, 허지만 2차는 안 갔소."
그러더니 남자는 옷을 벗고 침대에 누워 깊이 잠이 들었다.
한참을 자던 이 남자, 밤 12시쯤 되니 벌떡 일어나 옷을 다시 주섬주섬 입는 것이었다. 이상해서 아내가 물었다.
"아니, 자다가 어디를 가요?"
남자는 아직 술에 취한 목소리로
"오늘은 그만 집에 돌아가야 해, 안 들어가면 아내한테 나 죽어!"

〈3-27〉

수영이 문제죠

어느 여름날, 한 아가씨가 산 속을 가다가 계곡 옆으로 난 길을 지나면서 아주 깊고 깨끗한 웅덩이를 만났다. 정말 선녀가 목욕이라도 하고 갔다는 전설이라도 있을 법한 맑은 물이었다. 아가씨는 그 물을 보자 수영이라도 하고 싶어졌다. 주위를 둘러 봐도 아무도 없음을 확인 하고는 아가씨는 웅덩이 쪽으로 내려가 천천히 옷을 벗기 시작했다.

그러나 물속에 막 들어가려는 순간, 숲속에서 웬 나무꾼이 갑자기 튀어나오더니

"아가씨, 여기는 수영이 금지된 곳인데요?"

라고 했다. 아가씨는 화들짝 놀라 급히 옷으로 대강 몸을 가리며

"아저씨, 그럼 제가 옷 벗기 전에 말씀을 해 주셨어야죠."

그러자 나무꾼이 말했다.

"여기서 옷 벗는 것은 아무 상관이 없거든요. 수영이 문제지."

〈3-28〉

네가 닫고 와라

고등학교 수업시간, 선생님이 열심히 강의를 하고 있었다.
그러나 선생님의 바지 지퍼가 열린 것을 발견한 학생이 참다 참다 말했다.

"저어, 선생님 앞문이 열렸는데요."

그러자 선생님 왈

"네가 가서 닫고 와라!"

〈3-29〉

비 아니라 벼락이 쳐도

따뜻한 봄날, 어느 시골 마을 우물가에 아줌마들 너 댓이 모여 물도 긷고 빨래도 하고 있었다.

그때 우물 가 언덕에 웬 맹인 하나가 지팡이를 의지해 오르더니 용케 앵두나무 밑에 자리를 잡고 앉아 있다가 얼마 후에는 아예 나무 밑 잔디 위에 누워 있었다.

그러더니 이 맹인, 아무리 자신이 맹인이지만 그래도 남자인지라 우물가의 아낙네들 목소리를 듣고 갑자기 색정이 동했는지 드디어 자기 양물을 꺼내 한 손에 쥐고 자위행위를 하기 시작했다.

"어머, 세상에 순이 엄마, 저 앵두나무 밑에서 손장난치는 맹인 좀 보소!"

영이 엄마가 그렇게 말하자

"글쎄, 아이구 징그러워라. 저것두 수컷이라구, 쯧쯧."

그러자 이번엔 석이 엄마가 물을 한 바가지 퍼서 앵두나무 쪽으로 홱 뿌려버렸다.

물벼락을 맞은 맹인, 그래도 연신 자위행위를 계속하며 혼자 투정처럼 부르짖는 말

"비 아니라 소나기가 와두, 아니 날 벼락이 쳐두 이 고비는 넘겨야 한다!"

⟨3-30⟩

솔직해지자!

우여 곡절 끝에 두 사람은 결혼식을 마치고 동해안으로 신혼여행을 떠났다.

결혼 전에도 다소의 여성 편력 경험이 있는 신랑이 첫날밤 일을 거창하게 잘 치르고 나서보니 아무래도 신랑에 대응하는 신부의 섹스 테크닉이 예사가 아니구나 싶어 솔직한 아내의 답변을 듣고 싶었다.

"여보, 오늘 우리가 첫날밤 일은 멋있게 잘 끝냈는데, 우리가 앞으로 하루 이틀 살 것도 아니구 평생을 함께할 처지인데 우리 한 번 솔직해 봅시다. 우리가 서로 자기의 과거를 숨기고 산다는 것은 부부간에 있을 수 없는 사기 행위나 마찬가지 아니우? 나는 솔직히 당신이 첫 여자도 아니고 꽤 여성 편력 경험이 있는 남잔데 당신도 이제 공연히 과거를 감추지 말고 있는 그대로 나에게 실토를 해주는 게 어떻겠소?"

이렇게 말하자 신부는 그때부터 꿀 먹은 벙어리처럼 아무 말이 없었다.

한 5분이 지나도 신부가 아무 대꾸가 없자 신랑이

"당신 지금 무슨 생각을 하고 있어요?"

하고 물을 수밖에. 그러자 신부가 아직도 심각한 얼굴로 하는 말

"글쎄, 하두 여러 놈이라, 솔직히 아직도 다 못 세었어요."

⟨3-31⟩

굴비장수

어느 날 오후, 남편이 일 나가고 아낙네 혼자 집을 보고 있는데 웬 등짐을 진 아저씨 하나가 부부만 사는 집 툇마루에 앉아서 두런거리고 있었다.

아낙네가 방문을 열고 나가

"우리 집에 아무리 대문이 없어도 이렇게 남의 집 마루에 아저씨 혼자 앉아 있으면 안 되죠."

하고 아낙네가 말했다. 그러자 이 아저씨 하는 말

"아줌마 나는 이 등짐 속에 팔다 남은 굴비를 몇 마리 가지고 있는데 아줌마가 제 청을 한 번 들어주면 이 굴비 몇 마리를 다 드리고 갈 생각이우."

했다. 하여 그 아줌마가 그 청이 무어냐고 물었더니

"저는 아직 장가도 못간 노총각인데 방에 들어가서 아줌마하고 그 일을 한 번 만 했으면 하는 게 제 간절한 청입니다만…."

그러자, 그 아줌마 무슨 생각을 했는지

"그럼 방으로 들어오세유."

했다. 굴비장수 이게 웬 떡이냐 싶어 방에 따라 들어가 아줌마가 펴 주는 이부자리 속에 들어가 흐뭇하게 운우의 정을 나누고는 그 남은 굴비를 다 주고 돌아갔다.

일을 마치고 저녁에 돌아온 남정네의 밥상에 그 아낙네는 굴비장수에게 얻은 그 굴비 한 마리를 잘 구어 올렸다.

"아니, 돈도 없을 텐데, 웬 비싼 굴비요?"

남정네가 심드렁하게 물었다.

"장가도 못간 굴비장수 노총각이 그걸 한번 하자고 해서 응해 줬더니 굴비 몇 마리를 주고 갑디다."

그 말을 듣고 남편은 크게 놀라며

"세상에 아무리 굴비도 좋지만 부인이 그런 짓을 하면 안 되죠. 이번은 그렇다 치고, 앞으로는 절대 그러면 당신 안돼요!"

하고 남편은 무섭게 타일렀다.

그런 일이 있고 나서 한 달포가 지났다. 그날도 굴비 장수가 먼저처럼 다가와서 아줌마에게 또 간청을 했다.

"우리 남편 양반이 앞으로는 그러지 말라고 신신 타 일렀다구요."

아줌마가 이렇게 거절을 하자, 그 굴비장수

"아줌마, 그럼 앞으로는 안 할 터이니 뒤로만 합시다."

그 말을 듣고 난 아줌마 먼저 노총각의 물건이 신랑 것보다 헐 낫던 기억도 있고 해서

"그럼 뒤로만 한 번 해 보던가요."

하고 자기 몸을 또 허락했겠다.

그날 밤에 들어온 남정네가 밥상에 올라온 굴비를 보고 다시 놀라며 하는 말

"아니, 이건 또 무슨 굴비요?"

그렇게 묻자, 이 아줌마 아주 태연히 하는 말

"당신이 앞으로는 하지 말라구 해서 이 번에는 그냥 뒤로만 하라고 했더니 또 굴비를 주고 갑디다만…."

제4장 담배 피는 여자

밥이나 먹고 합시다 / 피장파장 / 나는 그렇게 안 받았는데
반품 불가 몰라? / 설교를 듣고 나서 / 메뉴는 읽을 수 있지
국유화 할까봐 / 너도 그게 아닌데… / 밥 한 끼 먹기
이건 내꺼야! / 똥차 / 줘두 돼? / 화대 / 나도 죽는다
임신한 아줌마 / 처녀 뱃사공 / 크기 비교
남편의 무관심 / 노기(老妓)의 판결 / 살려놨더니 그만…
담배 피는 여자 / 어머니의 회고 / 사슴 그림
내자지덕(內子之德) / 이북 말 / 이발소에서 / 10분이면 되는데
공처가의 악몽 / 생고구마 깎기 / 무식한 아버지

⟨4-01⟩

밥이나 먹고 합시다

어느 시골에서 초등학교에 다니는 학생 녀석이 토요일이라 좀 일찍 집에 왔다. 아무 인기척도 내지 않고 마당을 지나 한 다름에 대청까지 오르고 보니 웬걸 안방에서 아버지와 어머니가 한참 그 짓을 하는 소리가 들리지 않는가.

녀석은 귀를 쫑긋하고 한참 그 소리를 엿 들었다. 한동안은 녀석도 정신없이 그 요상한 소리에 빠졌다.

그런데 안방의 부모는 계속 그 짓만 하지 도무지 점심을 언제 줄지 알 수가 없었다. 이제는 너무 배가 고파 은근히 신경질이 난 녀석은 드디어 안방에다 대고 투정을 하기 시작했다.

"아무리 그 짓도 좋지만 어린 것 밥은 멕이고 해야 할 것 아냐? 이제 그만 밥이나 먹고 합시다!"

녀석이 그렇게 중얼거리자 안방에서 녀석의 아버지가 용케 듣고 하는 말

"오냐, 알았다 인석아. 이제 한 고비만 넘기면 끝난다."

⟨4-02⟩

피장파장

　어느 사진작가가 취재여행을 다니던 중 밥을 먹으러 한 식당에 들어갔다. 카메라를 들고 간 그를 보고 식당 주인이 그동안 찍은 사진 중에 볼만한 사진을 좀 보여 달라고 간청을 하기에 그는 자신이 잘 찍었다 싶은 사진 몇 장을 보여줬다.
　사진을 보고 난 식당 주인이 말하기를
　"사진기가 워낙 좋아서 그런지 사진들이 다 잘 나왔네요."
　했다. 그 말을 듣고 사진작가는 기분이 좀 상했지만 꾹 참았다.
　그러나 식사를 끝내고 식당을 나오기 전에 그는 밥값을 내면서 기어 한마디 했다.
　"냄비가 좋아서 그런지 이 집 찌개가 참 맛있네요."

⟨4-03⟩

나는 그렇게 안 받았는데

　어느 시골에 결혼한 지 얼마 안 되는 부부가 살고 있었다. 아내가 임신 7개월인데도 남편은 그걸 가끔 하고 싶어 늘 안달이었다.
　그날 밤도 아직 초저녁인데 남편이 추근대기 시작했다.

"여보, 벌써 7개월이야 그렇게 하고 싶으면 내 돈을 줄 테니 읍내 나가서 아가씨 하나 벗겨 놓고 만지기만 하고 와!"

아내가 이렇게 말하자 남편은 그도 좋다고 말하고 돈10만원을 타 가지고 집에서 나왔다.

그 남편이 버스를 타려고 동구 밖으로 나가는데 마침 옆집 동수 엄마를 길에서 만났다.

"아저씨 어디 가세요?"

동수 엄마가 생글생글 웃으며 다가서자 그 남자는 자초지종을 다 말해버렸다.

"그럼, 임신 7개월에 못 하죠, 우리 집에 가시죠. 마침 동수 아버지가 동수 데리고 제사 지내러 큰댁에 가서 안 기시니까 잘 됐지 뭐예유."

"그럼 그럴까유?"

그 남자는 동수네 집에 가서 그 여자와 신나게 한 판을 잘 치루고 돈 10만원을 주고는 집에 돌아왔다.

"아니. 당신 벌써 읍내 다녀 온 거유?"

아내가 묻자 남편은 우연히 옆집 동수 엄마를 만나서 끝내고 왔다고 했다.

"얼마 줬어유?"

"응, 10만원."

그러자 그 아내 하는 말

"이런 죽일 년! 나는 저 친정에 가고 없을 때 동수 아빠 5만원에 해 줬는데, 내 당장 지금 가서 5만원은 물러달라구 해야지…."

〈4-04〉

반품 불가몰라?

두 남녀가 웬만큼 사귀자 총각이 아가씨를 달콤한 말로 꼬시며 자꾸만 모텔로 데리고 가려고 했다. 아가씨는 그때마다 모텔은 갈 수 없다고 했다.

몇 번을 그래도 안 되자 총각이 화를 내며 말했다.

"이봐요, 수박 한 통을 사도 미리 잘 익었는지 안 익었는지 따보고 사는 거 몰라?"

그러자 빙그레 웃으며 아가씨가 말했다.

"하하, 한 번 따 버린 수박은 다시는 못 팔아먹고, 반품도 안 되는 거 몰라?"

〈4-05〉

설교를 듣고 나서

김 집사와 그의 아내는 부부 사이가 별로 좋지 않았다. 그래서 요즘엔 교회도 김 집사 혼자서 가는 게 예사였다. 그런데 하루는 남편이 교회를 다녀온 후 아주 달라졌다. 말투도 온건해졌지만 특히 침실에서 아주 열정적으로 섹스를 해주었다. 그의 아내는 너무 고맙지만 한편으로는 좀 이상해서 물었다.

"당신 오늘은 웬일이에요?"

그러자 남편이 태연히 대답했다.

"오늘 설교시간에 목사님에게 많은걸 배웠지."

"목사님 설교 제목이 뭔데요?"

"원수를 사랑하라 였지."

〈4-06〉

메뉴는 읽을 수 있지

함께 길을 가다가 다른 여자에게, 특히 젊고 예쁜 여자가 지나가면 흘끔흘끔 한눈을 파는 버릇이 있는 남편에게 아내가 따지듯 물었다.

"당신, 내 앞에서 이제 다른 여자에겐 아예 관심 끊기로 했잖아요?"

"암, 그랬지."

"그런데 왜 오늘도 딴 여자들을 힐끔힐끔 쳐다봐요?"

"여보, 식당에 가서 음식은 안 사먹더라도 그 메뉴는 읽을 수 있잖아?"

⟨4-07⟩

국유화 할까봐

　영국 의회에서 대기업의 국유화 문제를 놓고 난상토론을 하던 의회가 잠시 정회된 사이에 처칠이 화장실에 들렀다. 소변기가 의원들로 거의 다 차고 노동당 당수 애틀리 옆자리만 하나 빈 자리가 있었다. 애틀리는 대기업 국유화를 강력히 주장하는 사람이었는데 이상하게 처칠이 그곳으로는 가지 않고 다른 자리가 날 때까지 기다리고 있었다. 이를 본 애틀리가 물었다.
　"제 옆에 빈자리가 있는데 왜 안 쓰는 거요?"
　처칠이 대답했다.
　"겁이 나서 그럽니다. 당신은 뭐든 큰 것만 보면 국유화 하자고 주장하는데, 혹시 제 물건을 보고 국유화 하자고 하면 큰일 아닙니까?"

⟨4-08⟩

너도 그게 아닌데…

　어느 마을에 혼기가 다 된 딸을 둔 부부가 있었다. 그 집 딸 애리는 먼저 양조장집 아들이 마음에 들어 자기 아버지와 상의를 했다.

"아버지, 저는 양조장 집 아들 철규 오빠가 아주 잘 생기고 성격도 서글서글해서 그 오빠하고 결혼하고 싶어요. 그러니 아버지가 힘 좀 써 주세요."

그러자 애리 아버지가 아주 난감한 얼굴로

"얘, 애리야, 그 철규는 절대 안 된다. 네 엄마는 모르고 있지만 사실 철규는 지금의 철규 어머니와 나 사이에서 생긴, 곧 내 아들이다. 그러니…."

그 말을 듣고 애리는 기절초풍하다시피 하며 어이가 없어했다.

그런 일이 있고 나서 몇 달이 지났다.

이 번엔 애리가 그 마을에서 꽤 부자라고 소문난 과수원집 아들 선호란 청년을 염두에 두고 아버지와 상의를 했다.

"아버지 선호는 대학도 나오고 앞으로 과수원도 상속받을 1등 신랑감인데 선호는 어떠세요?"

"애리야 거듭 미안한데 선호도 안 된다. 그 아이도 네 엄마는 모르겠지만 실은 내 아들이다."

애리는 아주 미칠 지경이었다.

그렇다고 어머니에게 이 엄청난 비밀을 이야기 할 수도 없고, 혼자 괴로워하던 애리는 그런 자신의 심정을 그저 자신의 일기장에만 기록해 둘 뿐이었다.

그리고 또 몇 달이 지나갔다.

어느 날, 애리는 어머니가 불러 어머니 방으로 갔다. 이런 저런 이야기 끝에 어머니가 나직한 목소리로

"애리야, 엄마도 아빠 못지않게 아주 미안한 일인데, 내가 우연히

네 일기장을 보았더니 우리 마을에서 네 신랑감으로 마음먹은 철규와 선호 두 청년 때문에 아버지에게 엄청 실망한 사실을 나도 알았다. 그러나 엄마는 그 일을 이미 다 알고서도 네 아버지를 닦달하지 않았단다."

"아니 왜요 어머니?"

그러자 그 어머니, 아주 태연히 말하기를

"네 아버지에게 실망한 나도 그 후에 딴 남자를 만나서 네 아버지 몰래 너를 만들었으니까."

"엄마, 그럼 내 진짜 아버지는 누구예요?"

"음, 그건 알 것 없다."

〈4-09〉

밥 한끼 먹기

밥을 먹으려고 상을 차려 놓고 부부가 마주 앉아 주고받는 대화가 세대별로 다 다르다고 한다. 세월이 갈수록 부부의 대화가 어떻게 달라지나 알아보자.

* 20대 ; (남자) -상을 치우며- 우리 한 판 하고나서 밥 먹을까?
    (여자) 좋아요!
* 30대 ; (여자) 당신 밥 먹기 전에도 해줬잖아?
    (남자) 이제 밥 먹고 나서 하자.

* 40대 ; (여자) 그것도 못해주면서 밥은 잘 먹네.
  (남자) 제발 밥이나 좀 먹자!
* 50대 ; (여자) 부부가 밥만 먹고 사니?
  (남자) 밥맛 떨어져 정말 밥 못 먹겠다.
* 60대 ; (여자) 내가 밥이라도 해주니까 살지?
  (남자) 밥 먹는 것도 귀찮고 힘들어!
* 70대 ; (여자) 밥은 왜 먹니?
  (남자) ─상을 발길로 차며─ 나 밥 안 먹어!

⟨4-10⟩

이건 내꺼야!

　공처가로 소문난 친구 집에 그의 친구가 모처럼 방문을 했다.
　마침 공처가는 우물가에서 웬 앞치마를 빨고 있었다.
　친구가 말했다.
　"역시 자네는 소문대로 공처가로군, 안사람 앞치마나 빨고 있으니."
　그 말을 들은 공처가, 버럭 화를 내며
　"이 사람아, 내가 아무러면 마누라 앞치마나 빨 사람인가? 내가 집에서 설거지를 얼마나 하는데, 이건 내 앞치마라구."

〈4-11〉

똥차

시골 버스 시발점에 어느 신사가 차에 올랐다. 차도 꽤 낡았지만 이내 출발하지도 않았다. 사람이 두엇 더 탔는데도 기사는 아직 시동도 걸 기미가 보이지 않았다.
참다못해 신사가 말했다.
"이 똥차 왜 이렇게 안가요?"
그러자 기사가 느긋하게 하는 말
"예, 아직 똥이 다 안차서 못갑니다."

〈4-12〉

줘두 돼?

한 젊은 나그네가 시골길을 가는데 점심때가 좀 지나서 배가 너무 고팠다. 마침 논두렁에서 식사를 하는듯한 농부 서넛이 보여 나그네는 그곳으로 다가가서
"길 가는 나그네입니다만 너무 배가 고파서 그러 하오니 먹을 것이 있으면 좀 주시지요."
하고 겸손하게 말했다. 그러자 그 중 한 40 넘은 듯 한 농부가

아주 난색을 보이더니

"조금만 일찍 오셨으면 같이 점심을 할 텐데 늦으셔서 어쩌나…, 가만 있자 그럼 저기 산 밑에 보이는 저 집이 우리 집인데요. 젊은 양반 거기 가셔서 점심 좀 달라구 하세요, 마침 오늘 일하는 날이라 제 안사람이 밥을 넉넉히 했으니 걱정 마시구 가서 잡숫고 가세요."

농부는 나그네가 너무 가여워서 그랬는지 자기 집까지 일러주며 온정을 베풀었다.

"고맙습니다, 그럼 댁에 가서 한 술 얻어먹고 가겠습니다."

나그네는 허리 굽혀 인사를 하고 산 밑에 있는 그 집을 찾아 올라갔다.

"아주머니 안녕하십니까?"

나그네는 열린 사립문을 지나 먼저 그 집 마당에 들어서자 안주인에게 다소곳하게 인사부터 했다.

"누구신가요?"

안 주인이 우물가에서 일하다가 나그네를 보고 물었다.

"네, 지나가는 나그네입니다만…."

"그러세요."

그런데 막상 그 집에 당도하고 보니 안 주인이 아주 예쁘고 젊어 밥도 밥이지만 이상하게 아직은 젊은 사나이의 색정이 먼저 동했다. 그 순간 나그네는 대담하게 주인 아낙에게 한 번 어필해 볼 마음을 먹었다. 그래서 자기도 모르게 엄청난 거짓말을 해 버렸다.

"저 아래 논에서 아저씨를 만났는데요, 제가 아직 젊어서 그러시는지 저 보고 아주머니 좀 한 번 봐주고 가라고 하시던데요."

했다. 그 말을 듣고 난 안주인, 얼굴이 갑자기 달라지더니

"어머나, 세상에 뭐라구요? 그럼 저하고 그 일을?"

"네, 틀림없습니다. 혹시 제 말이 못 믿어우시면 한 번 논 쪽에 대고 물어보시던가요."

나그네는 이판사판이었다. 그러자 아니나 다를까, 이 아주머니 일하다가 일어서더니 사립문 앞에 나가 갑자기 손나팔을 만들어 그 논 쪽에다 대고 소리소리 지르며 묻고 있었다.

"줘두 돼? 줘두 되느냐구?"

그러자 아랫 논에서 농부가 대답하는 소리도 들려왔다.

"응, 줘, 주라구."

아주머니는 그 소리를 듣더니

"참, 별 일이네, 동네 마실도 잘 못 가게 하면서."

아주머니는 그때야 나그네를 보고 빙그레 웃더니

"그럼 안방으로 들어가세유."

했다. 나그네는 속으로 옳거니 싶어

"고맙습니다."

하고 고개를 숙인 채 대뜸 안방에 들어갔고, 이내 뒤 따라 들어온 그 안주인도 상기된 얼굴로 이부자리를 폈다. 드디어 두 사람은 새롭고 짙은 운우의 정을 거침없이 나눴다. 그러나 일이 끝나고 나니 이 나그네 배가 다시 너무 고팠다.

"아주머니 염치없습니다만, 혹시 밥 좀 조금 주실 수 있으세유? 제가 점심을 굶어 너무 배가 고파서."

나그네가 이렇게 말하자

"아, 밥보다 더 한 것두 드렸는데 밥이 문젭니까. 걱정마시구 조금만 기다리세유."

하고 나가더니 이내 반찬도 푸짐한 밥상을 차려가지고 들어왔다.

얼마 후, 나그네는 그 집을 떠났지만 그가 밥 말고 안주인과 그런 회포까지 풀고 갔는지는 아무도 알 리가 없었다.

〈4-13〉

퇴대

외인부대에 주둔해 있는 한 흑인 병사가 기지촌 홍등가에 들어가 어색한 한국말을 했다.

"한 탕에 얼마?"

양공주 아가씨가 대꾸를 했다.

"6만원"

"3만원에 안 돼?"

그 병사의 주머니에는 3만원밖에 없었다.

어쩔 수 없이 아가씨는 깎아줄 요량으로 병사를 받아주었다. 그러나 일을 시작하기 직전에 조건을 달았다. 아가씨는 옷을 벗으며

"야 너 넣을 때 꼭 반만 집어넣어!"

〈4-14〉

나도 죽는다

어느 공처가가 밤길을 가다가 강도를 만났다.
"나는 칼을 가진 강도다, 있는 돈 다 내놔라!"
그러자 공처가가 말했다.
"나는 공처가다, 내가 강도를 만나 돈을 빼앗겼다고 해도 내 아내는 결코 나를 믿지 않고 나를 죽인다고 대들 것이다. 그래 돈은 있어도 못 준다."
그 말을 들은 강도
"나도 공처가다. 네가 마지막 손님인데 나 역시 돈을 못 가져가면 마누라한테 죽는다. 나 좀 살려 다우."

〈4-15〉

임신한 아줌마

어느 꼬마 여자아이가 임신한 동네 아줌마를 어린이 놀이터에서 만났다.
아이가 아줌마에게 물었다.
"아줌마 배가 왜 이렇게 불러요?"

아줌마가 대답했다.

"응, 이 안에 우리 집 예쁜 아기가 들어 있단다."

그러자 여자 아이가 다시 물었다.

"아줌마, 어쩌다 아기를 다 먹었어요?"

〈4-16〉

처녀 뱃사공

어느 시골 강나루에 처녀 뱃사공이 있었다. 하루는 어느 총각이 배에 오르더니

"내가 당신의 배를 탔으니 당신은 이제 내 아내요."

하고 농담을 했다. 그러나 그 처녀 배를 저으면서는 아무 말도 안 하더니 배가 강 건너 나룻 터에 닿아 총각이 배에서 내리려 하자 그 때야 빙그레 웃으며

"총각이 내 배에서 나갔으니 그대는 이제 내 아들이오." 했다.

⟨4-17⟩

크기 비교

　남자 친구 서넛이 모여 자기가 아는 남자의 거시기 크기에 대하여 서로 자랑을 하고 있었다.
　"누가 뭐래도 내가 아는 갑돌이는 큰 물주전자에 물을 가득 채우고 그걸 들어 올리는 정도이니까 더 말할 나위가 없지."
　"무슨 소리야, 내 친구 길동이는 한강에서 수영할 때 물건이 너무 길어 강바닥 고기들이 입질을 할 정도라니까."
　두 사람이 하는 이야기를 가소롭다는 듯이 듣고 있던 친구가
　"어찌 그 정도를 가지고 크고 길다고 할 수 있겠나? 내 친구 태산이는 태평양 건너 미국에 가 있는데 한국에 있는 그 마누라가 여기서 임신 후 애를 낳았다니까."

⟨4-18⟩

남편의 무관심

　60대 부부가 살고 있었다. 그런데 남편은 좀처럼 아내에게 늘 별 관심을 보이지 않았다. 아내는 고심 끝에 잠옷이라도 좀 화려하게 갈아입으면 남편이 관심을 가질까하고 시장에 나가 여러 색깔의 잠

옷을 사왔다. 그리고 매일 밤 빨강, 노랑, 파랑, 분홍 등 잠옷을 자꾸 갈아입고 잠자리에 들었다. 그런데도 이상하게 남편은 아무 반응이 없었다.

초조한 나머지 아내는 이제 아예 맨살로 부딪혀 봐야지 하는 마음으로 옷을 다 벗고 알몸으로 이불 속에 들어가 보았다. 그랬더니 그날 밤 남편이 하는 말

"여보, 잠옷 좀 다려 입지 쭈글쭈글 하잖아?"

⟨4-19⟩

노기(老妓)의 판결

옛날 어느 선비가 정자 밑에 앉아 쉬고 있는데 두 행인이 그 곁에 와서 앉더니 음양에 관해 논쟁을 벌이고 있었다.

갑은 주장하기를 '첫째 남자의 물건이 크면 여자는 으레 매혹을 느끼게 마련이오.' 하자 을은 말하기를 '그렇지 않소, 여자는 기교있게 잘 다루면 되는 것이지 물건이 크고 작은 것은 그리 문제가 되지 아니하오.' 하고 우기고 있었다.

그때 선비는 '옛날 중국에 사마천의 〈여불위전(呂不韋傳)〉 책에 요독(嫪毒)이라는 사람 이야기가 나오는데 그는 그의 양물에다 구리로 된 바퀴를 꿰어 다닌다는 소문이 있어 그 소문을 들은 태후가 그를 불러들여 통간하고 몹시 사랑했다 하오' 하고 말했으나 갑과 을은

모두 시큰 둥 했다.

그때 마침 노기 하나가 그들 앞을 지나가기에 선비가 불러 앉히고 자초지종을 이야기 하고 나서 이 문제에 대한 판결을 좀 내보라고 하니 노기가 웃으면서 말하기를

"이는 제 경험으로 얻은 결과이니 말해드리지요. 향당(香堂; 규방)의 여섯 가지 보배를 아직 들 모르십니다 그려, 이는 곧 1)앙(昻), 2)온(溫), 3)두대(頭大), 4)경장(莖長). 5)건작(健作), 6)지필(遲畢)인 줄 아옵니다."

이 말을 듣고 세 남자들은 그때야 어이가 없어 빙그레 웃을 수밖에 없었다.

⟨4-20⟩

살려놨더니 그만…

나이 지긋한 70대 영감이 부인과 그걸 하고는 싶은데 영 발기가 잘 안돼서 혼자 고민하는 모습을 보고 부인이 말하기를

"여보 그 비아그란가 뭘 먹으면 잘 된다는데 뭘 그리 고민하슈?"

했다. 그 말을 듣고 이 노인, 정신이 번쩍 나서 여기저기 청을 넣어 그걸 몇 알 구해서 한 번에 두 알인가를 먹고 부인과 그 일을 참 모처럼 신나게 치른 것 까지는 좋았는데 웬걸 이튿날 새벽에 그만 불귀의 객이 되고 말았다.

갑자기 영감이 작고했다는 소식이 온 마을에 퍼지자 영감의 친구들을 위시하여 문상객이 찾아와

"아니. 어제까지도 정정하시던 분이 어떻게 이리 갑자기 떠나셨나요?"

하고 묻자, 그 부인이 하는 말

"글쎄, 죽은 놈을 살려 놨더니 산 놈이 죽었지 뭐유!"

〈4-21〉

담배 피는 여자

 한 남자가 공원길을 산책하다가 벤치에 앉아 쉬고 있었다. 그때 꽤 요란하게 화장을 한 한 중년 여자가 옆 자리에 와서 앉더니 이내 담배 한 개비를 꺼내 맛 있게 피우다가 갑자기 손가락을 놀려 그 담배를 획 날려버렸다.
 그런데 그 담배는 묘하게도 쓰레기 통으로 쓰는 작은 항아리 속 모래판 위에 직각으로 꽂혔다.
 그걸 본 남자가 너무 신기해서 물었다.
 "아주머니 참 대단하십니다. 어떻게 그걸 세로로 딱 서게…?"
 그러자 이 여자 하는 말
 "그럼 내가 빠는데 제가 안 서고 배겨요?"

〈4-22〉

어머니의 회고

 아주 근면하고 성실한 남편을 잃은 여인이 고독한 나날을 보내고 있었다. 그의 남편은 생전에 떡 장사로 인근 마을에 소문이 자자했던 사람이었다. 하루는 외로운 어머니를 위로하기 위해 고교생 아들이 한 마디 했다.

"어머니, 아버지는 참 일도 잘하시고 어머니에게 인정도 많이 베푸신 분이었죠?"

그 말을 들은 그의 어머니 한숨을 길게 내쉬더니

"말해서 무얼 하겠니, 너의 아버지는 낮이나 밤이나 그 떡 하나는 참 잘도 치셨는데 이제 영 만날 수가 없게 됐구나."

⟨4-23⟩

사슴 그림

어느 시골에, 좀 어리석은 사내가 있었다. 그는 그의 아내의 미모가 출중하여 그게 늘 마음에 걸렸다. 한 번은 그가 한 이틀 타관에 출타할 일이 생겼는데 혹시 어느 놈이 자신의 아내를 간음할까 걱정한 나머지 그 아내의 음안(陰岸)에다 누워 있는 사슴 한 마리를 그려 두고 길을 떠났다. 아니나 다를까, 옆집에 사는 청년이 그 사내가 출타한 기미를 알아채고 그녀에게 찾아와 통정하기를 청했다.

"안됩니다. 우리 남편이 내 거기에다 사슴을 그려 놓고 갔거든요."

그녀가 이렇게 거절하자 그 청년은

"그건 일 끝내고 다시 그려 넣으면 그만인데 뭘 그걸 가지고."

이렇게 말하자 그녀도 은근히 그 청년을 좋아한 터라 드디어 뜨겁게 운우의 정을 나눴다. 그런데 이 청년이 거기에 다시 그 사슴을 그리린다는 것이 누워 있는 사슴을 안 그리고 서 있는 사슴을 그려 놓고 갔다.

이틀 후에 남편이 돌아와서 그걸 보자고 했다. 남편은 그림을 보고 크게 노하면서

"내 분명 누워 있는 사슴을 그려 놓고 갔는데 어찌하여 이 사슴이 서 있는 거요?"

했다. 그 말을 들은 그의 아내 하는 말

"당신이 물리에 어두워서 그렇지, 사람이나 사슴이나 모두 산 짐승인데 산 짐승은 누울 수도 있고 설 수도 있지 뭘 그걸 가지고 따지시오?"

하니, 그 어수룩한 남편 더는 아무 말도 못했다.

〈4-24〉

내자지덕(內子之德)

어느 시골 마을에 사는 세 부부가 아주 가깝게 지냈다. 애경사에 서로 돕고 함께 음식을 나누고 여행도 함께 가고 했다. 한 번은 그 중 한 부부가 결혼 30주년이 되어 진주혼식이라며 스스로 자축 행사를 자기 집에서 갖게 되었는데 그날도 세 부부가 모두 모여 음식을 나누며 즐거운 한 때를 보내고 있었다. 그런데 그 집 주인이 남 달리 문자

쓰기를 좋아했다.

그날은 자기 아내가 술과 안주를 잘 마련한 것을 칭찬하며 이 모두가 우리 내자의 덕이라고 자랑하더니 갑자기 두 남자를 돌아보며

"당신들도 아내를 잘 얻어 늘 이렇게 건강하고 재미있게 살고 있으니 이 모두가 내자의 덕이 아니겠소? 그러니 내가 지금부터 술잔을 들고 〈내〉하고 선창을 하면 당신들은 〈자지 덕〉하고 복창을 하시오!"

했다. 그러자 이를 마다하지 못하는 두 남자와 그 부인들, 그 집 주인이 술잔을 올리며

"내!" 하면 어김없이 술잔을 마주 들고

"자지 덕!" 하고 함께 외쳤다.

〈4-25〉

이북말

금강산 관광이 한창일 때 일이다. 남한 관광객 한 사람이 북한 안내양에게 무얼 물어도 보안상 문제가 있는지 잘 대답을 안했다. 그러나 그가 아주 작은 목소리로 이북에선 남자의 고추를 뭐라고 부르느냐고 물었더니 주위를 살피던 그녀가 빙그레 웃더니

"여기선 그걸 '속살 쑤시개'라고 합네다." 했다.

이어 그 남자가

"그럼 여자의 그건 뭐라고 합니까?" 했더니

"그거야 '살 틈새'디오." 했다.

⟨4-26⟩

이발소에서

한 미국 사람이 충청도를 여행하다가 한 이발소에 들렀다. 막 들어가서 자리에 앉으려는데 이발사가 인사말을 했다.

"왔시유?"

그러나 이 말을 들은 미국 사람은 그 말을 "What see you?"로 알아듣고 아 참 영어도 잘 하는구나 하고 감탄하며 마침 앞에 붙은 거울을 보고

"밀어(Mirror)" 했다.

그러자 이발사는 머리를 무조건 밀어 버리라는 뜻으로 알고 그 사람 머리를 이발 기계로 사정없이 빡빡 밀어버렸다.

〈4-27〉

10분이면 되는데

　남편은 신문기자로 아내는 간호사로 근무하는 맞벌이 부부가 있었다. 서로 바쁜 생활 때문인지 이들 부부는 아직 아이를 낳을 엄두를 내지 못하고 있었다.
　어느 날 부인은 병원에서 할머니 한 분을 간호하고 있었는데 할머니가 그 간호사인 부인에게 이런 저런 일을 물어보았다. 그러다가 간호사가 아직 아이가 없다고 하자 화제는 그 산아문제에 이르렀다.
　"아니, 간호사 선생은 결혼은 했다 면서도 왜 아직 아기가 없는 거요?"
　"아무래도 서로 바쁜 맞벌이 부부가 되다 보니 시간이 없어서요."
　그러자 할머니는 이해할 수 없다는 표정으로 중얼중얼 말했다.
　"아무리 시간이 없고 바빠도 그렇지, 10분이면 되는 일을 가지고…."

〈4-28〉

공처가의 악몽

　아주 깡마르고 초라한 모습의 한 남자가 정신과병원 의사를 찾아왔다.

"선생님, 저는 요즘 계속 악몽에 시달리고 있어요."

"진정하시고 그 악몽에 대해 말을 해보세요."

"제가 요즘 매일 밤 꿈속에서 10 명의 아내와 사는 꿈을 꾸고 있거든요. 정말 미치겠어요."

그 말을 듣고 의사는 고개를 갸우뚱 거리며 물었다.

"그게 왜 악몽이죠, 나 같으면 아주 좋을 것 같은데…."

"뭐라구요? 저는 천하의 공처가라구요. 그런데 열 명의 아내와 살면서 매일매일 밥하고 빨래하고 설거지하고 청소해 보세요. 난 죽어요."

〈4-29〉

생고구마 깎기

어느 시골 사람이 살기가 어려워 아들이 열 댓 살 됐는데도 아직 방 한 칸에서 부인과 세 식구가 살고 있었다. 그래도 부부의 정은 좋아 남편은 가끔 부인에게 그걸 하자고 조르는 편인데 그때마다 이 남자 즐겨 하는 말이

"여보 고구마 좀 삶게 냄비 좀 빌립시다."

였다. 그러면 대개의 경우 그 부인은

"아직 애도 잠이 안 들었는데 고구마는 무슨 고구마를 삶아요?"

하고 거절하기가 일쑤였다. 그래도 남편이 더 조르면 밤이 아주

깊어 아들이 혼곤히 잠을 자거나 새벽에 아들이 약수터라도 가면 서슴없이 그 일을 벌이곤 했다.

그런데 하루는 그 아버지가 소변을 보려고 그 집 뒷간 문을 열자 아들이 변도 안 보면서 제 양물을 한 손에 꺼내들고 서서 한참 자위행위를 하고 있었다.

그 행위를 보고 아들 보다 더 놀란 아버지가

"너 이놈 예서 그 뭐 하는 짓이야?"

하고 화를 내며 묻자 그 아들 태연히 하는 말

"흥, 아버지는 고구마 삶을 냄비라도 있죠, 저는 그런 냄비도 없고 해서 지금 제 손으로 생고구마 깎아요!"

〈4-30〉

무식한 아버지

초등학교 저학년의 아들이 어느 일요일 낮, 어머니에게 한자 한 자를 보여주며 이게 무슨 자냐고 물었다. 그 어머니는 아주 무식하지는 않아서 아들의 공책을 보니 그 글자는 바로 술 주(酒)자였다. 그러나 자신이 일러주기보다는 아버지 입장에서 그런 정도의 한자는 일러 주는 게 좋을 듯싶어

"이 한자는 네 아버지가 가장 좋아하는 글자이니 네 아버지에게 물어봐라."

했다. 왜냐하면 그녀의 남편은 거의 매일 술을 마시고 밤늦게 돌아오는 사람이니 그 글자쯤은 알 수 있으리라 믿고 그리 말했다.

"아버지, 이 글자는 아버지가 제일 좋아하는 글자라는데요 무슨 자지요?"

아들이 그렇게 묻자 그 남자는 고민에 빠졌다. 무식해서 글자는 모르겠고 그렇다고 모른다고 하기도 그렇고. 그래 자신이 제일 좋아하는 일이 무언가를 새삼 생각해보니 자신은 첫째가 여자하고 그 거시기 하는 거요, 둘째가 술 마시는 일, 그리고 셋째가 고스톱 치는 것이었다. 그렇다고 아들 앞에서 그 거시기 하는 짓을 노골적으로 말하기도 그렇고. 생각다 못해 그 아버지 하는 말

"그 글자는 아마 거시기 '거'자인가부다."

제5장 남편은 대문 앞에

사위의 코 / 보신탕집 아줌마 / 낮잠 자다가 / 손이 셋이라니?
서당에서 냉대하니 / 가방 조사 / 대대로 내려오는… / 역 안과 여관
체인점 낸 건데 / 선녀를 믿어? / 아내 제삿날 / 어느 집 가훈
남편은 대문 앞에 / 의처증은 심하지만 / 버선이 적어서
전단지 / 초저녁잠만 자더니 / 북 좀 자주 쳐요!
젊은이의 꿈 / 무를 묻어서 / 죽은 새 / 어떤 후회
안 만져 주니까 / 조 이삭 / 주나봐라 / 아들의 재치
내 방식에 따르면 / 어떤 설문 / 감옥이 더 낫다
인사성도 좋은데 / 액땜 시루

⟨5-01⟩

사위의 코

옛날 어느 부잣집에 곧 딸을 시집보내야 할 텐데 공연히 이미 정혼을 한 사위 감의 그 물건이 실한지 부실한지가 궁금해서 부부간에 은근히 걱정이 되었다. 그런 어느 날 마침 사위 될 사람이 예비 처갓집에 다니러 왔다. 그 사위 얼굴을 다시 보니 이상하게 코가 너무 커 보였다.

"영감, 사위 될 사람이 코가 너무 크잖아요?"
"응, 코가 크면 그 물건도 크다는데 잘 됐군."
"어마, 그렇다고 다 그렇지도 않겠지요."
"그럼 어떡허나? 내가 사위 될 사람의 물건을 보자고 할 수도 없고."
그러자 그의 아내가 무슨 좋은 수라도 얻어 낸 듯
"아주 잘 됐어요, 오늘 밤 복자 년을 시켜서 한 번 시험해 보라고 하지요."

본시 그 짓이라면 사족을 못 쓰는 복자라 그녀는 싱글싱글 웃고 사위 될 사람과 하룻밤을 지냈다.
그 이튿날 아침, 마님이 초긴장을 하며 복자에게 물었다.
"그래 어떻더냐?"
"마님, 아무 걱정하시지 마사와요."
"혹시 너무 작거나 너무 크지는 않더냐?"
"꼭 나으리의 그 것과 같은 크기여서 아주 좋더라구요."

⟨5-02⟩

보신탕집 아줌마

충청도 아줌마가 보신탕과 삼계탕을 아주 잘 끓여서 늘 손님이 많았다. 그날도 점심시간이 되자 괜찮은 직장의 넥타이를 맨 신사들이 넷이나 한꺼번에 몰려와 식탁에 둘러앉았다.
그 신사들을 둘러보며 아줌마 거침없이 하는 말
"넷이 모두 개죠?"
그러자 그 신사들 대답하는 말
"예, 우린 모두 개요."

⟨5-03⟩

낮잠 자다가

옛날 어느 시골 머슴이 날이 너무 더워 일하기가 싫으니까 주인의 눈을 피해 헛간 한 쪽에 짚더미를 쌓아 낮잠 자기 좋게 대강 꾸며 놓고 가끔 거기서 낮잠을 즐겼다. 그런데 하루는 낮잠을 자려고 헛간에 들어가 보니 그 자리에 주인마누라가 거기서 옷도 대강 풀어 헤치고 잠을 자고 있는 게 아닌가.
그걸 보고 머슴은 자신도 모르게 아랫도리가 묵직해 오는 색정을 느꼈다. 마침 집안엔 아무도 없는 기미였다. 그러니 실로 절호의 기회가 아닌가. 그러나 주인마누라가 소리라도 지르면 어떡하나 하는 불안도 없지는 않았다. 한참을 망설이던 머슴은 '에라 모르겠다.' 싶어 드디어 주인마누라를 온몸으로 덮치고 말았다.

그때 주인마누라가 그의 품에서 눈을 뜨더니
"에그머니나! 부끄럽게 이게 무슨 짓이야?" 했다.
"죄송합니다. 마님, 그럼 이만 물러가겠습니다."

머슴이 그러면서 자리에서 일어나려고 하자, 주인마누라는 그를 다시 힘껏 끌어 안고 나서 말했다.

"이 사람아, 내가 언제 물러나라고 했는가, 그저 부끄럽지 않으냐고 물었을 뿐이지. 서둘지 말고 난 치마를 벗을께 자네도 천천히 바지 벗고 시작해 봄세."

〈5-04〉

손이 셋이라니?

어떤 나이 지긋한 총각이 이웃집 여인을 은근히 사모하고 있었는데, 어느 날 그녀의 남편이 출타한 틈을 타서 용감하게 찾아가 기어 그 여인을 범하고 말았다.

그러나 그 여인은 남편이 두려워 남편 몰래 그 사내를 관가에 고소를 했다.

드디어 재판 날이 왔다.

사또가 먼저 그 여인에게 물었다.

"그 총각이 너를 범하려 했을 때 너는 어이해서 몸을 허락 했는고?"

여인이 거침없이 사또에게 아뢰었다.

"그가 저를 범할 때, 한 손으로는 제 두 손을 잡고, 다른 한 손으로는 저의 입을 틀어막고, 또 한 손으로는 그의 양물을 제 옥문에 넣었으니 저 같이 연약한 여자가 어찌 당해 낼 수가 있었겠습니까?"

여인의 그 대답을 들은 사또는 어이없고 이상하여 노한 목소리로 다시 물었다.

"아니, 세상에 손이 셋이나 달린 남자가 어디에 있느냐? 넌 오히려 이번 일로 무고죄를 면하지 못할 것이다."

그러자 여인은 그때야 정신이 났는지

"가만히 생각하니 제 손을 잡고 입을 막은 손은 총각의 손이었고, 저 사람의 양물을 집어넣은 손은 제 손이었습니다. 사또나리."

이 말을 들은 사또와 배석한 사람들은 모두 허리를 잡고 웃었다.

웃고 난 사또는 드디어 결론을 말했다.

"그렇다면 네가 좋아서 한 짓이니 저 총각은 무죄니라!"

⟨5-05⟩

서당에서 냉대하니

　방랑시인 김삿갓(김병연)이 어느 고을 서당에 들렀다. 마침 이른 점심때지만 배가고파 밥이라도 한 술 얻어먹을까 해서 들린 셈이었다. 그러나 서당엔 학동만 대 여섯이 앉아 다 젠체하고 손님을 거들 떠보지도 않았고, 훈장이라는 사람도 아직 안 보이고 그러니 누구 하나 말을 걸거나 반기는 사람이 없었다.
　"너의 서생님은 왜 안 보이느냐?"
　김삿갓이 이렇게 물으니 마지못해 한 학생이
　"몰라요, 선생님은 서당에 안 나오시는 날이 더 많아요."
　한다. 이 말을 듣고 실망한 그는 '너희들이 나를 냉대하니 어디 한 번 읽어봐라.' 하고 눈에 띄는 한지에 붓을 들어 다음과 같은 한시를 적어 놓고 그 서당을 나오고 말았다.

　　書堂乃早至(서당내조지); 서당엔 내 일찍 당도 했건만
　　房中皆尊物(방중개존물); 방안에 있는 학동 놈들 잘난 척만 하는
　　　　　　　　　　　　　구나.
　　生徒諸未十(생도제미십); 학생은 모두 열 명도 되지 않는데
　　先生來不謁(선생내불알); 선생은 아직 나와서 인사도 없구나.

　이 시를 번역한 대로 보면 큰 의미가 없지만 오언절구(五言絶句)

인데 오언 중 앞에 두 글자는 빼고 뒤에 세 글자씩은 모두 욕이니(내조지, 개존물, 제미십, 내불알) 그날 오후에 서당에 나타난 훈장이 이 글을 읽고는 펄펄 뛰며

"아, 어떤 놈이 이런 욕을 써놓고 갔단 말이냐?"

하며 노발대발 했다는 것이다.

〈5-06〉

가방 조사

어느 여학교 기숙사 건물 한쪽에 채마밭이 있었다. 그 기숙사의 용인 들은 철 따라 그 채마밭에 채소를 가꾸어 학생들의 식탁에 반찬거리로 제공했다.

늦은 봄날 그 채마밭엔 오이, 토마토, 가지 등이 주렁주렁 열려 있었는데 어느 날 한 용인이 채마밭에 가보니 다른 채소는 그대로 인데 가지 밭에 가지를 누가 그리 한꺼번에 따갔는지 가지가 거의 없었다.

용인은 기숙사 사감을 통하여 이 사실을 고변했다. 사감은 여학생 중에서도 고학년 담임에게 가지 문제를 조사하도록 지시했다.

드디어 졸업반 담임이 수업을 하다 말고 불시에 학생들의 가방을 조사하기 시작했다. 아니나 다를까, 학생들은 대개 가방 속에 가지 하나씩을 숨겨 놓고 담임이 부끄러워 어이할 바를 몰라 했다.

그런데 이상하게 한 학생만 가방에 가지가 없었다. 담임이 물었다.
"너는 왜 가지가 가방 속에 없느냐?"
그러자 그 학생, 태연하게 하는 말
"저는 지금 꼽고 있걸랑요."

〈5-07〉

대대로 내려오는…

옛날 어느 주막집에서 밥과 술만 파는 게 아니라 사랑방이 여유가 있어 잠도 재워주는 곳이 있었다. 그날도 셋이 누워도 넓을 만큼 넉넉한 주막 사랑방에서 나그네 셋이 잠을 자게 되었다. 그런데 그 주막집 주인마누라가 너무 젊고 예뻐 그 중 한 젊은 투숙객이 영 잠이 안 올 지경인데 마침 주인 남자가 일찍 주막집 문을 닫으며 건너 마을 형님 댁에 가서 뭘 상의하고 올 테니 문단속 잘 하고 자라며 집을 나갔다.

얼마 후, 그 투숙객은 때는 이때라 싶어 화장실에 가는 척하고 사랑을 나와 안방으로 건너갔다. 그는 희미한 호롱불만 켜진 안방에서 이미 옷을 벗고 이불 속에 누워 막 잠든 주인마누라를 무작정 덮치며 더운 목소리로 사정을 했다.

"아주머니가 너무 예뻐 저는 잠을 못자다가 왔습니다유."

갑자기 일을 당한 그 여인은 처음엔 깜짝 놀라는 시늉을 하더니 자기 남편보다 훨씬 젊은 남자인 것을 눈치 채고는 모르는 척 몸을 허락했다. 투숙객은 모처럼 신명나게 몸을 풀고 고마운 마음으로 사랑방에 돌아왔다.

그러나 얼마 후, 그 주막집 남자가 집에 돌아오자 일이 크게 벌어졌다.

"도대체 우리 마누라 거기에 난 털이 축축하니 언놈이 내가 형님 댁에 간 사이에 다녀 간 게 분명해, 보나마나 사랑방에서 자는 놈들 짓이니 이 놈들 모두 X검사를 해야지 안 되겠어!"

그러면서 당장 안방에서 나올 기미였다.

순간, 그 투숙객은 사랑방에 들어올 때 보아둔 머리맡의 깨 가마니를 떠올렸다. 후다닥 일어나 깨 한 주먹을 쥐어내 자신의 아직 축축한 양물 겉에다 바르고 다시 자리에 누웠다.

"이 새끼들 모두 X내놔봐! 내 삭 죽인다!"

사랑방문을 열며 주인의 노기가 굉장했다. 호롱불을 다시 켜고는 모두 이불 속에서 나와 바지를 내려 보라고 호통을 쳤다. 그러나 거기가 보송보송한 두 사람 모두 양물 검사에서 무사통과 됐다. 드디어 그 투숙객 차례가 왔다. 그는 태연히 자신의 양물을 내보이며

"주인어른, 제 것은 우리 집안 대대로 내려오는 깨 X인데 한 번 만져나 보시죠?" 했다.

주인은 거침없이 그의 양물을 만져보더니

"뭐 깨 X 이라구? 별 희한한 X도 다 있구면."

하더니 결국 범인이 없다고 판단했는지 슬그머니 그 방을 나가고 말았다.

⟨5-08⟩

역 안과 여관

한참 교재 중인 두 남녀가 서울에 가기 위해 시골 역에 당도 했는데 아직도 기차가 오려면 거의 한 시간이나 기다려야 했다. 두 사람은 자연스레 역 주변을 거닐며 찻집을 찾아보았지만 보이는 것은 여관과 식당뿐이었다.
"우리 역 안에 가서 쉴까?"
여자가 이렇게 말하자 남자는 이 '역 안'을 '여관'으로 잘못 알아듣고 너무 좋아 이게 웬 떡이냐 싶어 거의 흥분한 나머지
"그럼 좀 깨끗한 여관을 찾아야지."
하며 고개를 사방으로 돌렸다. 그때야 여자가 이상하다는 듯이 말했다.
"아니? 자기 왜 그래, 다시 역 안 대합실에 가서 쉬고 기다리자니까."

⟨5-09⟩

체인점 낸 건데

어느 전철역 입구에 한 노숙자가 구걸을 않고는 살 수가 없다고

생각하고 깡통을 놓고 엎드려 행인들의 온정을 구하고 있었다. 그런데 깡통 하나로는 너무 수입이 적은 것 같아 어느 날 부터는 아예 깡통을 두 개 놓고 구걸을 하기 시작했다.

깡통이 두 개인 것을 본 어느 행인이 물었다.

"요즘, 수입이 괜찮은 모양이죠? 깡통을 두 개 씩이나 놓고 벌게."

그러자 그 노숙자 하는 말

"모르시는 말씀, 하도 수입이 적어 체인점을 하나 더 내본 것뿐입니다."

〈5-10〉

선녀를 믿어?

나무가 우거진 산 속에 총각 나무꾼이 길을 가고 있는데 저쪽 계곡에서 어떤 여자가 목욕을 하는 모습이 보였다. 나무꾼은 혹시 선녀일지도 모른다는 기대감에 슬슬 다가가 보니 나이 지긋한 아줌마였다. 실망하고 돌아서려는 나무꾼에게 아줌마가 부끄러운 곳만 대강 가리고 말을 건넸다.

"총각, 내 말 좀 들어봐요. 난 사실 하늘나라 선녀였는데 옥황상제의 미움을 받고 이렇게 지상에 내려오게 되었지, 그렇지만 총각과 뜨거운 사랑을 한 번만 나누면 난 다시 선녀로 변해 하늘나라로 갈

거야. 그러니 날 좀 도와줘요."

이 말을 들은 총각은 이게 웬 떡이냐 생각하고 아줌마를 나무그늘 속 잔디밭으로 이끌고 가서 열심히 '응응'하며 운우의 정을 나눴다. 그러나 얘기와는 달리 일이 다 끝나가는 데도 아줌마는 결코 선녀로 변하지 않았다. 하여 나무꾼은 가쁜 숨을 몰아쉬며 물었다.

"왜 아직 선녀가 안 되십니까?"

그러자 아줌마가 말했다.

"총각 지금 몇 살이오?"

"스물일곱인데요."

"호호, 그 나이에 아직도 선녀가 있다고 믿어요?"

〈5-11〉

아내 제삿날

나이 60도 넘은 영감이 상처를 한 지 이미 몇 해가 지났다. 아내의 제삿날이면 아이들 삼 남매가 정성껏 제사상을 차리고 먼저 간 어머니의 명복을 빌었다.

그런데 제삿날이면 아내의 제상 앞에 얼씬도 않던 영감이 그 해에는 무슨 생각을 했는지 아직 제사도 안 지냈는데 갑자기 제물을 이미 다 차린 방에 들어와

"너희들은 이제 다 나가고 깨끗한 접시만 하나 가져오너라."

했다. 그래 시집 간 딸이 접시를 가져다주고 삼남매는 모두 거실로 나올 수밖에.

그러자 그 영감 방문도 대강 닫고는 바지 지퍼를 내려 자신의 양물을 접시에 바쳐 제상 위에 놓으며 하는 말

"여보, 아이들이 차린 이 제물들은 당신이 이제 먹을 수도 없고 다 소용없지 않소? 본래 당신이 평생 제일 좋아하는 물건은 바로 내이 물건이 아니겠소? 오늘 먹지는 못하지만 실컷 보고나 가시오!"
했다.

거실에서 그 방문을 삐끔 열고 이 광경을 보고 들은 삼남매, 어이가 없어 모두 뒤로 넘어질 수밖에.

〈5-12〉
어느 집 가훈

"아버지 우리 집엔 왜 가훈이 없어요?"
초등학교에 다니는 아들이 말했다.
"그래, 그럼 우리 집도 가훈을 하나 만들어 뽄때 있게 써서 벽에 붙이자."
그리고 나서 며칠 뒤에 그의 아버지는 정말 가훈을 짓고 붓글씨로 잘 써서 벽에 붙였다. 그 가훈인즉 '하면 된다!' 였다.
그걸 보고 아들이 그의 어머니에게 말했다.

"엄마 우리 집 가훈이라는데 마음에 드세요?"

그렇게 묻자, 그 어머니 시큰둥 해서 하는 말

"아빠에게 다시 말씀 드려라, 그 가훈은 '하면 된다.'가 아니라 '되면 한다.'로 고쳐 써서 붙이시라고."

〈5-13〉
남편은 대문 앞에

　옛날 어느 마을에 소경이지만 점을 잘 보는 영감이 있었다. 그는 비록 소경이지만 그의 아내는 아주 곱게 생긴 미인이었다. 그 마을에 그 소경의 아내를 넘보는 청년이 하나 있었는데 도무지 기회를 잡을 수가 없었다. 그 청년이 하루는 시장에 다녀오는 그 소경의 아내를 길에서 만났다.

　"아주머니, 내가 댁에 가서 남편 되시는 분에게 거짓말을 좀 할 테니 아주머니는 그냥 듣기만 하시고 내가 손짓 하는 대로만 움직여 주시면 됩니다."

　평소에 그 여자도 그 청년을 은근히 사모한 터라 빙그레 웃고 청년의 뒤를 따랐다. 이내 소경의 집에 당도한 청년이 소경에게 먼저 인사말을 잘 하고는

　"아주머니는 어디 가셨습니까?" 했다.

　"음, 시장에 간다고 나갔는데 아직 안 돌아오네요."

"그럼 마침 잘 됐네요, 제가 오늘 마침 길에서 아주 보고 싶던 옛날 애인을 만났는데 그냥 헤어질 수도 없고, 어디 재미 볼만한 마땅한 곳이 없어서 그러하오니 영감님 댁 안방 좀 빌려주시겠습니까?"

"허, 그야 어렵지 않지만…."

소경은 그러나 뭔가 댓가를 바라는 눈치였다.

"네, 알겠습니다. 끝나고 나서 제가 방 빌린 턱은 꼭 하고 갈 겁니다."

그 말을 듣고 나자 소경은 밝은 목소리로

"그럼 안방을 쓰시지요."

"고맙습니다, 영감님."

소경에겐 그 청년 뒤에 붙어 온 자신의 아내가 보일 턱이 없었다. 청년은 손짓을 해서 그의 아내를 안방으로 유인했다. 그리고 자연스레 두 사람은 옷을 벗고 운우의 정을 격렬하게 나누고 있었다. 그런데 한참 그 일이 절정을 향해 치닫고 있을 때였다. 소경이 안방 문을 뚜드리며 하는 말

"이봐요, 젊은이! 지금 내가 점을 쳐 보니까 그 당신 애인이라는 여자의 남편 되는 사람이 우리 집 대문 앞에 서 있는 점괘가 나왔으니 어쩌나? 일을 빨리 끝내고 돌려 보내슈. 안 그러면 당신 큰 봉변을 당할지도 모르겠구먼."

⟨5-14⟩

의처증은 심하지만

평소에 의처증이 심한 회사원이 해외 장기 출장을 갔다가 귀국해서도 자기 아내에게 알리지도 않고 자신의 아파트 구내에 당도했다. 마침 자기가 사는 동 앞에서 낯익은 경비원 아저씨를 만나자 그는 대뜸 자기 집 사정을 물었다.

"아저씨, 제가 해외에 나가 있다 돌아오는 길인데요, 혹시 그동안 우리 집에 남자 손님이랄지, 뭐 그런 사람이 찾아온 일이 없나요?"

그 말을 듣고 경비원 아저씨는 내심 당황했지만 그렇다고 현장을 보지도 못한 채 고자질 할 수도 없고 해서

"한 이틀 전에 짜장면 배달하는 청년은 왔었습니다만… ."

하고 말꼬리를 흐렸다. 그랬더니 이 의처증 많은 남자 아주 반색을 하며

"허허, 그거야 음식 배달해 먹은 거지 손님이 아니죠?"

하고 자기가 사는 동으로 신나게 들어갔다. 그러나 경비원 아저씨는 속으로

'흥, 이틀 전에 들어간 그 청년 놈이 아직도 당신 집에 있는데….'

⟨5-15⟩

버선이 적어서

옛날 어느 시골 사내가 모처럼 아내가 지어 준 버선 한 켤레를 받아 들었다. 그런데 막상 신어보려고 하니 버선이 너무 적어 영 발이 들어가지 않았다. 하여 혀를 차면서 한마디 했다.
"도대체 당신 몸이나 솜씨는 알다가도 모르겠소. 응당 좁아야 할 물건은 너무 넓어서 별로 쓸모가 없고, 넓어야 쓸 수 있는 이 버선 같은 물건은 좁기만 하니 이 무슨 골이오?"
그러자 그의 아내도 눈에 심지를 켜고 하는 말
"흥, 당신의 물건은 뭐 좋은 줄 아오? 응당 굵고 길어야할 물건을 가늘고 짧아서 쓸모가 없고, 너무 크지 말아야할 발은 괜히 도둑놈 발처럼 크기만 하니 당신도 너무 한심하다우."
"……?"
그 말을 듣고 남편은 더는 할 말이 없었다.

⟨5-16⟩

전단지

어느 중년 여인이 집안 형편이 어려워 아르바이트 차원에서 어느 회사의 새 상품 광고용 전단지를 아파트를 중심으로 돌리고 있었다. 그런데 어느 아파트 상가 근처에 이르니 너무 소변이 마려웠다. 그는 전단지 뭉치를 상가 옆 어린이 놀이터 한쪽에 있는 의자에 내려놓고 그 앞에 있는 상가 건물에 들어가 소변을 보고 나왔다.

그런데 돌아와 보니 그 의자에 두고 간 전단지가 모두 없어지고 말았다.

너무 당황한 그 여인은 마침 그 의자 한 쪽에 앉아 쉬고 있는 나이 지긋한 영감에게 '전단지'의 행방을 물어보려다가 그래도 '전단지'라는 말보다는 '홍보지'라는 표현이 더 격이 있고 나을 것 같아

"영감님, 혹시 이 자리에서 '홍보지' 못 보셨습니까?"

하고 물었더니 그 영감 대꾸하는 말

"나는 평생 털XX나 백XX는 더러 봤지만 빨간 홍보지는 본 적이 없다구요."

⟨5-17⟩

초저녁 잠만 자더니

대학가 근처에 사는 어느 젊은 새댁이 살기가 넉넉지 않아 안방 옆방에 대학생 둘을 하숙을 시키고 자신의 용돈에 보태고 있었다. 그 하숙생들은 같은 대학 같은 학과 같은 학년이라면서 아주 친한 사이라 하숙도 늘 함께 한다고 했다.

아직 아기도 없고 비교적 신혼이라 그 집 부부는 일주일에 거의 두 번쯤 성 관계를 갖는데 방음 장치가 시원치 않은 하숙방이라 그 소리가 옆방에 까지 들릴 때마다 키가 큰 학생은 초저녁 잠이 없어 그 소리를 잘 듣는 편인데 키가 작은 학생은 초저녁 잠이 많아 거의 듣지 못하고 말았다.

"야, 어젯밤에도 주인 부부가 신나게 했는데 너는 자느라고 못 들었지?"

학교에 가서 키 큰 학생이 이렇게 말하면 키 작은 학생은

"야, 다음에 할 때는 나를 꼭 깨우라고, 아주 신나게 한다며? 나도 한 번 들어봐야지, 안 깨면 억지로 흔들어서라도 깨워봐."

키 작은 학생, 말은 이렇게 해도 그 다음에 깨우면 또 고개를 젓고 잠만 자곤 했다.

그런데 하루는 키 작은 학생이 막 잠에 든 정말 초저녁에 안방의 새댁이 웬 접시에 과자를 담아가지고 하숙생들 방에 들어와

"이거, 오늘 제 친정에 가서 가져온 과자인데요, 너무 맛이 있어 조금 담아왔으니 저 학생이랑 같이 들어보세요."

하며 자리에 앉는 게 아닌가. 그러자 키 큰 학생이 자는 학생을 깨우며

"야, 그만 자고 과자 먹어라, 주인아주머니가 과자 가져왔어 야!"

하자 한참 자던 그 키 작은 학생, 지금 막 안방에서 그 일이 벌어져 자신을 깨우는 줄 알고 대뜸 벌떡 일어나더니 거침없이 하는 말

"응, 지금 안방에서 섹스 시작했냐? 어디 나도 한 번 들어봐야지."

153

〈5-18〉

북 좀 자주 쳐요!

옛날 어느 시골에 좀 미련하고 답답한 한 총각이 어찌어찌 해서 그런대로 장가는 들게 되었다. 그러나 처가에 가서 혼례를 치르고 그 첫날밤에도 아무 일을 않고 잠만 자고는 그냥 신부만 데리고 신행길에 올라 친가에 돌아왔다.

신랑보다는 비교적 영리한 신부가 시집에 와서 한 사흘이 지나도록 내내 그냥 잠만 자는 남편을 보니 더는 참을 수가 없어 손위 시누이에게 자초지종을 이야기했다. 그 이야기를 들은 시누이는 어머니 아버지에게 팔푼이 같은 동생 이야기를 자세히 전했다. 그러자 그 아버지가 동네 이장 집에 가서 웬 사물놀이에 쓰는 북을 하나 빌려 왔다. 그리고 아버지는 아들을 안방에 불러 놓고 이렇게 타일렀다.

"너 말이다. 오는 밤에 네 아내를 이불 속에 뉘고 무조건 옷을 다 벗긴 뒤 너도 옷을 다 벗고 그 이불 속에 들어가거라. 그 뒤 네 아내를 네 몸으로 덮치고 있다가 애비가 북을 한 번 팡 치면 네 물건을 네 아내 배꼽 밑으로 한 뼘 쯤 아래에 있는 구멍에 넣고 이내 뺐다가 또 북을 한 번 팡 치면 다시 넣고 이내 빼고, 그렇게 계속하란 말이다. 알겠느냐?"

"글쎄, 한 번 해보죠."

드디어 이슥한 밤이 되었다. 신랑은 그런대로 준비가 다 된 모양이었다.

"아버지 인저 북 좀 쳐 보세유!"

건넌방에서 아들이 크게 외쳤다.

(오냐 그럼 내가 북을 쳐줘야지. 그래야 내 손자를 보지.)

그의 아버지는 북을 대청 기둥에 매달고 "팡" 한 번 쳤다. 그리고 좀 있다 또 한 번 쳤다. 그렇게 서서히 몇 번 치니까 이 아들놈 드디어 감이 잡혔는지

"아버지 그 북 좀 자주 자주 쳐보세유!" 했다.

〈5-19〉

젊은이의 꿈

수업시간만 되면 늘 엎드려 자기가 일쑤인 학생이 있었다.

선생님이 보다 못해 그 아이를 깨우면서

"너는 왜 수업시간이면 그렇게 잠만 자니?"

하고 물었다. 학생이 그 말을 듣고 말했다.

"선생님이 자주 그러셨잖아요. 젊은이는 늘 꿈을 가져야 한다고요. 꿈을 꾸려면 잠을 자야지 안 그러면 무슨 꿈을 꾸겠어요?"

〈5-20〉

무를 묻어서

옛날 어느 농촌에 가난한 집이 있었는데 방도 하나밖에 없는데다가 부부의 금슬은 너무 좋아 아이들은 여러 남매를 두었다. 아이가 많다 보니 큰 아이들은 자연 어린 동생들 돌보기에 너무 힘이 들어 미칠 지경이었다. 생각다 못한 큰 아이들은 대책을 강구하기 위해 의견을 나눴는데 더는 아버지 어머니가 그 일을 못하도록 해야 동생들의 출산이 없을 것이라는 결론을 내고 부모가 그 일을 벌일 기미만 있으면 성냥불이나 부싯돌 불이라도 켜서 미리 막자고 결의했다.

그 후 아니나 다를까, 그 부모가 그 일을 해 보려고 하면 그 불 때문에 포기하기 마련이었다. 그러자 그 아버지가 그 방에 성냥과 부시 등, 불이 될 것은 모두 감추어 버렸다. 그랬더니 큰 아이들이 부모 몰래 다시 상의하여 이 번엔 숯불 화로를 들여 놓고 부모가 움직이는 기색이 있으면 그 속에 있는 불을 용케 종이에 붙여 기어 방해를 하는 것이었다.

그래도 단념할 수 없어 하루는 그 아버지가 화로 속에 아이들 몰래 큰 무를 한 개 파묻고 나서 밤이 이슥해지자 자기 부인에게 또 한 판 해보자고 시동을 걸기 시작했다. 큰 아이들이 대뜸 눈치를 채고 다시 일어나 화롯불을 뒤적이기 시작했다. 그러나 화로 속에 웬 큰 무가 한 개 묻혀있어 불이 모두 꺼진 것을 확인한 그 녀석이 화가 나서 하는 말

"어떤 놈이 여기다 무를 묻었어? 무를 묻은 놈아, 이 번에 나오는 애는 네가 혼자 봐라!"

⟨5-21⟩

죽은 새

정계에서 은퇴한 처칠이 어느 파티에 참석하게 되었다. 이미 80을 넘긴 처칠이지만 젊어서 유머 감각이 뛰어난 그이기에 한 짓궂은 부인이 다가가 말했다.
"어머, 처칠 경님 지퍼가 열렸어요."
그때 모든 시선이 처칠 경에게 쏠렸지만 그는 태연하게 말했다.
"죽은 새는 새장 문이 열려도 새장 밖으로 나오지 않습니다."

⟨5-22⟩

어떤 후회

결혼 후 10년이 지났어도 늘 아내에게 쥐어 사는 공처가 남편이 하루는 아주 허탈한 표정으로 거실 의자에 앉아 멍 하니 뭔가를 생각하고 있었다.

그 얼굴을 보고 그의 아내가 물었다.

"여보, 뭔 일 있어요?"

"우리 연애할 때 당신 아버지가 날보고 너 우리 딸하고 결혼하지 않으면 혼인을 빙자한 강간죄로 고소해서 10년간 옥살이를 시킨다고 했는데, 그 말씀 기억나지?"

"그런데요?"

그러자 남편이 하는 말

"그냥 감옥에 갔더라면 오늘이 출감하는 날인데…."

〈5-23〉

안 만져 주니까

꽤 오래 교제를 했는데도 남자가 너무 소극적이었다. 결혼 전에 여자와 성 관계는 물론 키스를 해도 안 되고 여자의 몸, 특히 유방이나 국부 쪽을 만지면 큰일 난다고 혼자 사는 어머니에게 몇 번이나 주의를 받은 그 총각은 데이트를 해도 그저 함께 식사만 하거나 공원 벤치에서 이야기만 나눌 줄 알았다. 그래도 직장도 좋고 수입도 빵빵해서 이 남자를 놓치기는 싫은 아가씨, 한 번은 자신의 자가용 차 안에서 거짓말로

"내가 아무래도 유방암인가 봐요. 내 젖에서 어떤 응어리가 만져지는데 자기가 한 번 만져보면 안 돼?"

하고 앞가슴을 내밀었다. 그 말을 듣고 겁 많은 총각

"어떻게, 이렇게?"

하며 겨우 손끝을 유방에 댄다.

"아이, 좀 더 쎄게, 그리고 부드럽게 오랫동안."

그러자 이 총각 은근히 좋으면서도 겁이 난다. 그래도 겨우 조금은 더 만져 봤다.

"아무 것도 잡히지 않는데….”

"호호, 그럼 자궁암인가?"

그러면서 그 아가씨는 속으로

(네가 하두 안 만져주니까 얄미워서 그런다. 왜?)

〈5-24〉

조 이삭

옛날 어느 마을에 아들 둘을 둔 나이 지긋한 부부가 살고 있었다. 그런데 어느 날 갑자기 안 노인이 병이 생겨 그 마을에서는 가장 용하다는 의원을 모셔다 진찰을 받고나서 그 의원의 약방에 큰 아들이 따라가 지어주는 약을 가지고 왔는데 약방에서 나올 때 의원이

"이 약을 다릴 때 꼭 조모가지(조 이삭)를 넣고 다려야 하네."

하고 말했다. 그런데 큰 아들은 그 말을 잘못 알아듣고 조모가지를 좆 모가지 (즉 남자의 양물에서 귀두를 가리키는 것으로 착각)로

만 알고 집에 와서 식구들에게 그대로 심각하게 말했다. 큰아들의 말이 끝나자

"세상에 별걸 다 넣고 다리는 약도 있구나."

나이 든 아버지가 한탄을 하자 효심이 지극한 큰아들이 먼저 나왔다.

"제 물건을 잘라 넣고 다리도록 하겠습니다."

그러자 큰 며느리가 펄쩍 뛰며

"아직 장손도 못 봤는데 그러면 이 집 대가 끊어집니다."

하고 울상이 되었다.

그 말을 듣고 이 번에는 작은 아들이 자기 물건을 자르라고 나왔다. 그 소리를 들은 작은 며느리가 손사래를 치며

"앞길이 구만리 같은 젊은이인데 벌써 그걸 자르면 우리 내외는 어찌 삽니까?"

하고 징징 우는 소리를 했다. 그러자 화가 치민 영감님이

"그럼, 실컷 다 써 먹은 내 물건 밖에 없구려, 내 걸 자릅시다."

하고 나오자 그 말을 들은 안 노인이 자리에서 벌떡 일어나더니

"아무 걱정들 마소, 나 이제 병 다 나았다구요!"

⟨5-25⟩

주나봐라

옛날 거의 돌팔이 수준의 못된 중이 어쩌다 인연이 닿아 어느 마을의 과수댁과 객주 집에서 통정을 한 번 한 일이 있었다. 과수댁 입장에선 한 번은 실수로 몸을 허락 했지만 그 중의 행실이 못 되 다는 풍문이 자자한 것을 알고는 그 뒤로는 일체 만나주지도, 혹시 만나서도 결코 몸을 허락하지도 않았다.

그랬더니 이 중이 용케 이 과수댁의 집까지 수소문을 해서 알아내고는 어느 이른 새벽에 과수댁의 집 마루에 걸터앉아 한 번 재미를 보자는 뜻으로 염불을 하듯 계속 중얼 거린다.

"가나봐라, 가나봐라, 가나봐라!"

이 소리를 한없이 하자, 문을 단단히 안으로 걸어 잠근 과수댁도 중에게 질세라

"주나봐라, 주나봐라, 주나봐라…" 하고 있었다.

⟨5-26⟩

아들의 재치

어느 방귀 잘 뀌는 처녀가 시집을 간 첫날밤에 그 일은 잘 치루고

새벽에 그만 뽕뽕하고 방귀를 뀌다가 신랑에게 밉보여 쫓겨나고 말았다. 그래도 첫날밤 그 일을 잘 치른 인연으로 아이는 배어 열 달 뒤엔 아들을 낳았다.

그 아이가 열 살쯤 되어 서당에 다니는데 친구들이
"너는 애비 없는 호래자식이다."
이런 소리를 듣게 되자 그는 어머니에게 물었다.
"어머니 나는 왜 아버지가 없어요?"
하고 물었더니 그 어머니는 그제야 방귀 때문이라고, 혼자 살게 된 연유를 사실대로 이야기를 해 주었다. 그 이야기를 듣고 나서 그 아들은 자기 아버지 사는 곳을 일러 달라고 했다.

어머니는 몇 번을 망설이다 소상히 일러 주었다. 아들은 어디서 구했는지 호박씨를 한 봉지 들고 자기 아버지 집 앞에 가서 큰 소리로
"저는 호박씨 장삽니다. 방귀 안 뀌는 사람이 심으면 하루에 두 개씩 따는 호박씨 사세유!"
하고 여러 번 외쳤다. 그랬더니 그 아버지 되는
이가 문 밖으로 나와서
"이 녀석아, 세상에 방귀 안 뀌는 사람이 어디 있느냐?"
하고 물었다. 그러자 그 소년은
"그러면 왜 우리 어머니를 첫날밤에 방귀 뀌었다고 내쫓았어요?"
했다.
"아니, 네가 그럼 내 아들이냐?"
하더니 소년을 와락 끌어안았다. 이런 아들의 재치로 그 어머니는 다시 그 집의 조강지처로 돌아와 아들과 남편의 사랑 속에 아주 재미있게 잘 살게 되었다.

〈5-27〉

내 방식에 따르면

　50대 중반에 상처한 한 남자가 상처한지 댓 달 만에 술집에 가서 거나하게 취한 뒤 아가씨들을 둘러보며
　"난 상처하고 혼자 사는 홀아비요, 허지만 돈은 있으니까 여기 누구든 나를 따라 나가 내 방식대로 따른다면 내가 1억을 주겠어."
　하고 큰 소리를 치자 한 여자가 대뜸
　"어머, 1억을 줘요? 그럼 제가 갈게요."
　하고 동행을 해 주었다.
　드디어 두 사람은 그의 아파트에 당도, 침실에서 찐하게 회포를 풀고 거실에 나와 앉아 이야기를 나누게 되었다. 그러나 술집 아가씨가 뭔가 이상한지
　"그런데 아저씨, 1억을 주신다고 해서 술집에서 팁도 안 받고 무조건 여기까지 따라 왔는데요, 아까 내 방식대로라고 하신 말씀. 그 방식이 도대체 뭐에요?"
　하고 묻자, 그 남자 태연히 하는 말
　"모두 외상!"

〈5-28〉

어떤 설문

　어느 섹스 용품 제작 회사에서 한 젊은 여성을 상대로 설문조사를 실시했다.
　회사 직원; "섹스 할 때 콘돔을 끼면 그 쾌감이 덜 하다고 생각하십니까?"
　여인; "물론이죠, 장갑을 끼고 콧구멍을 후비면 잘 파지겠어요?"
　회사직원; 생리할 때 섹스를 하면 기분이 어떠십니까?"
　여인; "코피 날 때 콧구멍을 후비면 세상에 그 기분이 좋겠어요?"
　회사직원; "그럼 섹스 할 때 남성과 여성 중 어느 쪽이 더 깊은 쾌감을 느낀다고 생각하십니까?"
　여인; "그야 당연히 여성이죠, 콧구멍을 후비면 손가락이 시원하겠어요, 콧구멍이 시원하겠어요?"

〈5-29〉

감옥이 더 낫다

　어떤 죄인이 감옥의 감시망을 용케 뚫고 탈옥에 성공했다. 막상 탈옥을 하고 보니 환한 아침이라 산속에 들어가 바위틈에 숨어 있다가 밤이 돼서야 어둠을 타고 아내가 있는 자신의 집에 찾아들어갔다.

그러나 그는 집에 당도한 뒤 한 시간도 머물지 못하고 그날 자정쯤 다시 교도소에 들어와 자수하고 말았다. 그 소식을 들은 기자들이 카메라를 들이대며 그 죄수에게 물었다.

"아니, 천신만고로 탈옥을 하고는 이렇게 다시 돌아온 이유가 뭡니까?"

그러자 그 죄인은 아주 홀가분한 표정을 지으며 이렇게 말했다.

"집에 돌아가 안방 문을 열었더니 아내가 대뜸 눈에 쌍심지를 켜고 죽일 듯이 덤비더군요. 당신 탈옥했다는 뉴스가 나온 지 8시간도 넘었는데 그동안 어디 가서 어떤 년하고 무슨 짓을 하다가 이제야 왔느냐구요. 탈옥이고 뭐고 마누라의 의부증과 그 바가지 긁는 소리를 다시 듣는 순간, 차라리 감옥이 헐 낫겠다 싶더군요. 그래 부랴부랴 다시 이곳으로 돌아왔죠."

〈5-30〉
인사성도 좋은데

옛날 어느 마을에 노부부가 살았는데 할머니는 베를 짜고 할아버지는 장에 나가 늘 그 베를 팔아 와서 그걸로 생계를 유지하며 지냈다. 그런데 할아버지는 술을 좋아해서 가끔 베를 판돈에서 술을 사 먹고 들어와 그런 날이면 할머니에게 호되게 야단을 맞곤 했다.

그 날도 베 판돈으로 술을 거나하게 마신 할아버지는 할머니에게 혼 날 생각을 하다 한 가지 꾀를 냈다. 곧 자신의 성기를 뒤로 잡아당겨 전대로 꽉 묶고 집에 돌아온 것이다. 할머니는 어둑한 방에서 술취한 영감의 바지만 벗기고 뉘일려고 하다가 사타구니 쪽에 손을 대 보니 영감의 성기가 없어진 게 아닌가. 깜짝 놀란 할머니가
"그 물건은 어쨌어?" 하고 물으니
"미안해 술값이 모자라 그만 그 물건을 떼어 술집에 잡히고 왔지."
그 말을 들은 할머니는 사색이 되어 이내 비상금을 내 주며
"뭐라구요, 지금 당장 다시 가서 물건을 찾아오시오." 라고 했다.
돈을 받아든 할아버지, 어느 만큼 가다 동네 주막에서 또 한잔을 하고는 전대를 풀고 집에 돌아왔다. 할머니는 할아버지를 눕혀 놓고
"세상에 이렇게 실하고 좋은 것을 잡히다니."
하며 손으로 자꾸 어루만지자 그 물건은 꺼덕이다 드디어 눈물까지 흘리고 있었다.
할머니 그 눈물을 보고 하는 말
"흥, 이 녀석 그새 못 봤다고 꺼덕꺼덕 인사를 하더니, 이제 내가 반가워 눈물도 흘리는구나."

⟨5-31⟩

액땜 시루

옛날 어느 고을에 남편이 외출을 하면 정부와 가끔 그 짓을 하는 요상한 아낙네가 있었다. 그 날도 대낮에 남편이 장에 간 틈에 정부를 불러다 그 짓을 신나게 한참 했다. 그런데 일이 막 끝난 판에 웬걸 남편이 집에 들어오는 기미를 알게 됐다.

그 아낙은 잽싸게 옷을 입고는 방에서 나와 마당에서 자기 남편의 팔을 확 붙들었다. 그러자 그 남편이 수상해 하며

"아니, 당신 왜 이래?"

하니까 그 아낙은 태연한 얼굴로

"당신 큰일 났어요, 안방으로 들어가지 말고 부엌으로 가요!"

그러더니 대뜸 자기 남편을 부엌으로 끌고 들어가면서

"여보, 아까 아주 용하다는 무당 할머니가 우리 집에 다녀갔는데 당신 오늘은 이 시루를 머리 위에 한참 쓰고 있어야지 안 그러면 사흘 안에 죽든가 무슨 변고를 당한대요."

하고, 냉큼 액땜 시루라며 남편 머리에 그것을 씌워버렸다. 그러면서 이 아낙은

"바나이다, 비나이다, 천지신명께 비나이다. 우리 남편 아무 탈이 없이 무병장수하게 비나이다." 어쩌구 하며 액땜하는 노래까지 했다.

이렇게 부엌에서 요란을 떠는 바람에 그 정부는 신을 찾아 신고 '걸음아 날 살려라' 하며 줄행랑을 치고 말았다.

제6장 선녀와 산신령

기왕 그럴 바에야 / 이것보다는 참 하죠 / 벌에 쏘인 이후
아내의 묘책 / 경상도 부부관계 / 부부간의 거리
속죄의 대가 / 다리 없는 신부 / 고기는 잡아서 무얼 해요?
배가 이상해서 / 자는 곳 안다 / 맞히면 다 줄게
의사의 탈선 / 제가 재워 놓고 / 관리실 방송
그런데 왜 안 달죠? / 고추 한 자루 / 의리 있는 친구들
선녀와 산신령 / 할머니의 답변 / 불 때던 형제
잠 좀 잡시다 / 할머니의 회고 / 노상 방뇨
네 노인의 고백 / 당신 들었소? / 치마와 바지
관계자 / 항구는 상관없다 / 소녀의 질문

⟨6-01⟩

기왕 그럴 바에야

어느 총각이 한참 사귀던 여자를 기어 모텔로 데리고 가서 한바탕 격렬한 섹스를 벌이고 나서 여자에게 물었다.
"너희 부모님이 무지 엄격하시다 던데 이 번 일로 아기가 생기면 너 어떻게 하지?"
"아예 자살해버리지 뭐."
그러자 총각이 빙그레 웃으며 말했다.
"그래, 그렇게 자살할 바에야 우리 한 번 더 하자!"

⟨6-02⟩

이것보다는 참 하죠

어느 기혼 남자가 출장길에 바닷가 횟집에 들러 음식을 주문하려고 메뉴판을 보고 있었다. 그때 주인아줌마가 다가와 손님에게 말을 걸었다.
"손님, 전복을 한 번 드셔보시죠? 오늘 막 들어와서 아주 싱싱합니다."
"전복요? 저는 아직 한 번도 먹어본 적이 없는데요."

"그러면 꼭 한 번 들어보세요, 소화도 잘 되고 특히 남자분들 정력에 최고이니까요."

그 말을 들은 남자는 전복을 주문했고, 이내 주인아주머니가 하얀 접시위에 미리 좀 맛보라고 산 전복을 몇 개 내 왔는데 그걸 보고 이 남자는 아주 놀란 얼굴로

"어마, 이거 아주머니 거시기랑 똑 닮았네."

했다. 그러자 이 아줌마, 소리치며 하는 말

"이봐요, 손님, 내 거시기는 이보다 훨씬 예쁘고 참하죠!"

〈6-03〉

벌에 쏘인 이후

어느 남자가 등산을 갔다가 벌집을 잘못 건드리자 그만 벌들이 성이 나서 그 남자를 공격했는데 하필 그 남자의 거시기를 쏘고 말았다.

징징 울다시피 하면서 집에 돌아온 남편의 통통 부은 거시기를 보고 아내는 빙그레 웃어가며 약을 발라주었다.

그날 밤, 평소보다 부어서 커진 남편의 거시기가 탐이 나자 아내는 별별 아양을 떨며 남편에게 접근, 결국 그 일을 치르게 되었는데 부부는 사랑을 나누면서 다 같이 울었다.

남편은 아파서 울고, 부인은 좋아서 울고.

〈6-04〉

아내의 묘책

늘 부부싸움을 자주 하는 노부부가 있었다. 그들은 싸울 때마다 가구도 부수고 옷 같은 것도 마구 집어 던지며 큰 소리로 싸우기 때문에 이웃 들이 모두 잘 싸우는 부부로 알 정도였다. 아내보다 더 늙은 영감님은

"내가 먼저 죽으면 관 뚜껑을 열고 무덤을 파고 나와 당신이 죽을 때까지 당신 뒤를 따라다닐 거야." 하고 으름장을 놨다.

이웃들마저 악마의 수법을 닮아가는 그런 영감님이 너무 무섭다고 할 정도였다. 아니나 다를까 어느 날 영감님은 그의 예언처럼 먼저 세상을 뜨고 말았다.

그런데 할머니는 장의 절차에 따라 장례식을 마친 뒤 마을에 돌아오자마자 이상하게 마을 사람들을 술집에 불러놓고 밤이 늦도록 술을 대접하며 즐거워했다.

마을 사람들이 은근히 걱정이 되어

"할머니 두렵지 않으세요? 평소에 영감님이 무덤을 파고 나와 할머니만 따라다닌다고 하셨잖아요?"

그러자 할머니가 회심의 미소를 지으며 말했다.

"하하, 아무 걱정 없어요, 그 놈의 영감탱이 죽어서 땅 밑이나 실컷 파라지요, 내가 아예 미리 관을 뒤집어 묻었으니까!"

⟨6-05⟩

경상도 부부관계

남편이 자다가 옆에 자던 아내를 건드리게 되었다. 잠을 깬 부인이
"지금 할라꼬?"
남편이 놀라서 돌아누우니
"뒤에서 할라꼬?"
남편이 어이없어 일어났더니
"서서 할라꼬?"
대꾸도 없이 불을 켰더니
"불 키고 할라꼬?"
안경 끼고 거실로 나가니
"소파에서 할라꼬?"
못 들은 척하고 냉장고 열고 물을 꺼내 마시고 있자니
"물 먹고 할라꼬?"
물 마신 뒤 아무 말 없이 다시 침실 잠자리에 누워 잠을 청 하니
"음, 그럼 내일 할라꼬?"

⟨6-06⟩

부부간의 거리

결혼을 며칠 앞둔 아들이 아버지에게 물었다.
"아버지, 부부는 '적당한 거리'를 두어야 서로 편히 살수 있다는데요, 정말 그런가요?"
"암, 그래서 나도 네 엄마와 늘 적당한 거리를 두고 살고 있단다."
"그럼, 부부간의 적당한 거리란 무엇인가요?"
그의 아버지는 주위를 살펴보고 아내가 없다는 것을 확인한 후 나지막한 목소리로 말했다.
"네 엄마가 때리려고 할 때 피할 수 있는 거리가 적당한 거리다."

⟨6-07⟩

속죄의 대가

두 남녀가 여행 중 우연히 만나 사랑을 속삭이다가 결국 시골 여관에 들어가 함께 투숙하며 성관계까지 갖게 되었다. 이튿날 두 남녀는 둘 다 후회하는 마음이 들자 먼저 남자가 말했다.
"이 근방에 교회가 있는 것 같으니 내가 가서 하나님께 용서를 빌고 올 테니 너무 걱정하지 마세요."

"참, 그러면 좋겠네요."
잠시 후 교회에 다녀 온 남자가 돌아오자 여자가 물었다.
"용서를 받았나요?"
"예, 그 교회 장로가 속죄하는 뜻으로 양초 10갑을 교회에 기부하래요."
"그래서요"
"그래서 20갑을 기부하고 왔습니다."
"왜 20갑씩이나 하셨어요?"
"어차피 우리가 오늘밤 한방에서 하룻밤 더 묵을 테니까요."

〈6-08〉

다리 없는 신부

옛날 어느 신랑이 첫날밤을 맞이하여 아내와 운우의 정을 나누고자 불을 끄고 이불 속에 들어가 손으로 아내의 몸을 더듬어 보았더니 두 다리가 없었다.
'다리가 없는 아내와 어떻게 사나?'
속으로 그렇게 생각하다가 그는 이내 문을 열고 나가 장인을 만났다.
"장인어른, 제 아내 될 사람이 다리가 없습니다. 어찌 된 것입니까?"

그 말을 듣고 장인은 장모를 불러 신방에 가보라고 했다. 신방에 들어가 본 장모가 웃으면서 나와
"다시 들어가 보게."
하자 신랑이 다시 들어가 보니 두 다리가 멀쩡하게 있었다. 신랑이 아까는 다리가 없던 연유를 물으니, 신부가 하는 말
"우리 동네 시집간 내 친구들이 남자가 들어와 그걸 할 기미가 보이면 무조건 두 다리를 위로 쳐들으라 해서 나도 그랬어유."

⟨6-09⟩
고기는 잡아 무얼 해요?

어떤 부부가 일요일 대낮인데도 그걸 꼭 한 판 하고 싶은데도 초등학생 아이들이 둘이나 집에 있어 일을 치룰 수가 없자 아버지가
"얘들아, 너희들 우리 집에 있는 통발을 가지고 앞내에 나가 고기 좀 잡아 오너라 그러면 저녁에 맛있게 끓여 먹을 수 있잖니?"
하고 아이들을 꾀는 것이었다. 아이들은 그 말을 듣고 통발을 들고 한참 나오다가 아무래도 수상한 생각이 들어 형이 먼저 말했다.
"야, 아무래도 이상해, 우리를 냇가로 보내 놓고 뭔가 맛있는 것을 엄마 아빠가 먹을 것만 같잖니? 그러니 우리 다시 집에 가서 엿보자."
"그래 형 말이 맞는 것 같아."
그러자 형제는 다시 집에 가서 문구멍으로 안방을 엿봤다. 그랬더

니 자기 부모가 한참 그 일을 벌이면서 먼저 아버지가 묻기를
"당신 기분 어때?"
하자 어머니는
"지금 땅 밑으로 들어가는 것 같아요."
하더니 어머니가
"당신은 기분이 어때요?"
하자 아버지는
"난 하늘 위로 날아오르는 것 같아!"
하고 대답했다. 이 말을 다 듣고 난 아이들은 통발을 마루에 내 던지며
"고기는 잡아 뭐 하게!"
했다. 그 소리를 듣고 부부가 급히 몸을 수습하고 마루로 나와 물었다.
"어째서 너희들은 고기도 안 잡고 이렇게 빨리 왔느냐?"
하고 묻자 아이들이 하는 말
"아버지는 하늘로, 어머니는 땅으로 모두 사라질 판인데 고기는 잡아서 누구랑 먹어요?"

⟨6-10⟩

배가 이상해서

어떤 올드미스가 행실이 깨끗지 못해서 남성 편력도 꽤 잦았다. 그러나 그 때마다 피임 약 등을 먹고 잘 넘겼는데 한 번은 남성과 관계를 가졌는데 그 다음날부터 영 뱃속이 거북했다. 혹시 임신이 아닌가 싶어 그녀는 병원에 가서 진찰을 의뢰했다.

의사가 진찰을 마치더니
"뱃속에 생명체가 들어 있어서 없애는 약을 처방했습니다."
했다. 그러자 이 여자 임신으로 알고
"선생님, 요즘도 중절에 따른 시약이 가능 합니까?"
하고 고상하게 물었다. 그랬더니 의사가 하는 말
" 몸 속에 회충이 있어 살충약을 드렸거든요."

⟨6-11⟩

자는 곳 안다

어떤 남자가 자기 부인은 집에다 두고 늘 외박을 즐기며 분탕질이 심했다. 아내가 수시로 제발 그러지 말고 잠만이라도 집에 들어와서 자라고 사정을 해도 막무가내였다. 그렇게 여러 해를 허송하더니 결국 갑자기 심장마비로 죽고 말았다.

그 남자 동창들이며 문상객들이 영안실로 제법 찾아와서

"아니, 얼마나 망극 하십니까? 앞으로는 어떻게 사실지 걱정이 됩니다."

하고 위로의 말을 주었더니 이 부인 하는 말

"글쎄요, 허지만 앞으로는 어디서 자는지는 제가 확실히 알게 됐으니까요."

〈6-12〉
맞히면 다 줄게

폴란드 남자들의 이야기다. 한 사람이 갈색 봉지를 들고 집으로 가고 있는데 길에서 친구 하나를 만났다.

"어이 친구, 그 봉지 안에 뭐가 들었지?"

봉지를 든 남자는 친구에게 생선이 들어 있다고 말했다. 그러자 그 친구 반색을 하며

"그럼 우리 내기 하자. 만약 내가 그 봉지 속에 든 생선이 몇 마리인가를 정확히 맞히면 그 생선 중에 한 마리를 내게 주기로."

그러자 이 멍청한 사람

"그래, 만약 자네가 이 봉지 속에 든 생선이 몇 마리인지를 알아맞히면 두 마리 다 줄게."

⟨6-13⟩

의사의 활선

한 의사가 자기 병원에 자주 오는, 그러나 남편이 있는 여자환자를 은근히 좋아하고 있었다. 그걸 여자 환자도 웬만큼은 눈치를 채고는 있었지만 적당한 기회가 없어 두 사람은 서로 호감만 가지고 있었다. 그런데 어느 날 그녀의 남편의 장이 이상하다 싶어 그 병원에서 진찰한 결과 대장염 판정이 나서 대장을 수술해야 한다는 전제로 입원을 하게 되었다.

"이제 마음 푹 놓으시고 저랑 즐거운 시간을 가지시죠."

그 의사가 당당히 여자에게 접근했다.

"선생님, 제 남편이 지금 입원 중인데 어떻게…."

여자가 난처하다는 표정을 짓고 고개를 저었다.

그러자 의사 하는 말

"지금 마취가 시작 됐으니 앞으로 2시간은 죽은 사람이나 마찬가집니다. 어서 제 차를 타시죠."

〈6-14〉

제가 재워 놓고

어느 교회에서 주일날 목사가 열심히 설교를 하고 있는데 뒷 켠 긴 의자에 앉은 청년 하나가 꾸벅꾸벅 졸고 있었다. 순간 은근히 화가 난 목사가 설교를 하다 말고 아주 큰 목소리로
"할머니, 그 할머니 옆에 앉아서 졸고 있는 그 청년 좀 깨우세요!"
그러자 그 할머니 혼자 두런두런 하는 말
"흥, 재우긴 지가 재워놓고 왜 날보고 깨우라고 난리야?"

〈6-15〉

관리실 방송

어느 아파트 관리실에 밤늦은 시각에 전화벨이 울렸다. 숙직을 맡은 관리실 아저씨는 잠을 자다가 겨우 송수화기를 들었다.
"아저씨, 지금 위층에서 이 시간에 빨래를 빨려고 그러는지 세탁기를 돌리고 있는데 시끄러워 잠을 잘 수가 없으니 좀 꺼달라고 하세요."
그런 전화를 받은 관리실 아저씨, 아직 정신이 덜 들어 뭘 빨고 돌린다는데 그러지 말게 해달라는 내용의 생각만 남아 전 아파트로 나

가는 방송 코드를 쿡 찌르고

"여기는 관리실입니다. 지금 뭘 빨거나 돌리고 계신 분은 당장 그만 해주세요."

〈6-16〉

그런데 왜 안달죠?

생리학 실험실에서 교수가 우연히 남자의 정액에 대하여 설명을 하기 시작했다.

"남자의 정액에는 여러 가지 성분이 들어 있어요, 가령 포도당, 맥당, 그리고 단백질 등"

거기까지 설명하자 한 여학생이 아주 궁금하다는 표정을 지으며

"교수님, 그런데 그게 왜 안 달죠?"

〈6-17〉

고추 한자루

김장철이 되었다. 시골 사는 할머니가 아들네 집에 주려고 고추 한 자루를 들고 기차에서 내려 전철을 바꿔 탔다. 그런데 전철이 복

잡하여 빈 자리가 없자 할머니는 어느 아가씨 앞으로 다가가더니 그 아가씨 앉은 의자 밑에 고추자루를 넣으면서 태연히 하는 말
"아가씨 다리 좀 벌려 내가 고추를 집어넣을 테니."

〈6-18〉
의리 있는 친구들

갑자기 남편의 귀가 시간이 늦어지기 시작하자 그 부인이 의심이 나서 그 남편과 가장 친한 친구 다섯을 골라 차례로 전화를 걸어봤다.
"아직도 애 아빠가 집에 안 들어와서요, 혹시 댁에 있나 하구요."
그렇게 물었더니 다섯 친구 모두가 한결같이 대답 하는 말
"네, 그 친구 지금 우리 집에 와 있으니 아무 걱정 마세요."

〈6-19〉
선녀와 산신령

어느 날, 선녀가 어느 계곡의 물이 너무 맑고 깨끗해 옷을 모두 벗고 한 참 목욕을 하고 있는데 웬걸 갑자기 산신령이 나타났다. 선녀는 너무 놀라 두 손으로 자신의 젖가슴만 가렸다. 그랬더니 산신령

하는 말

"아래가 보인다."

그 말을 듣고 선녀는 잽싸게 두 손으로 아래 거기를 가렸다.

그러나 다시 산신령 하는 말

"위가 보인다."

이 번엔 손을 하나씩 펴서 아래 위 두 곳을 다 가리려고 하자 산신령 왈

"가릴 것 없다, 볼 것은 이미 다 봤느니라."

〈6-20〉

할머니의 답변

초등학생 손자가 일요일이라 집에서 노는데 마침 그 손자의 돌 지난 막내 남자 동생이 누워서 오줌을 쌌다. 할머니는 지저귀를 갈아 채우며 막내 손자의 고추를 보고

"아, 이놈 짬지도 참 예쁘게 생겼다."

하자 초등학생이 대뜸 할머니에게 물었다.

"할머니, 막내 껀 짬지예요? 그럼 내 껀?"

"네 껀 고추지."

"그럼 중학생 형 껀?"

"그건 자지지."

"아버지 껀?"

"그야 좆이지."

"할아버지 껀?"

"하하, 그건 좆도 아니다."

⟨6-21⟩

불 때던 형제

옛날 어느 농촌 마을에 아들 형제를 둔 부부가 금슬 좋게 살고 있었다. 그런데 그 일을 한 판 하고 싶어도 단칸방에서 늘 아이들 때문에 어렵기만 했다. 하루는 날씨가 꽤 추워지자 아버지가 아이들에게 제안을 했다.

"애들아, 날씨가 선선해 졌으니 너희들 부엌에 나가 군불을 좀 때 주지 않겠니?"

그 말을 듣고 형제는 나란히 나가 신나게 불을 때기 시작했다. 부부는 때는 이 때다 싶어 부랴부랴 그 짓을 시작해서 한 참 열을 올리고 있었다. 그러나 그 형 되는 녀석이 아무래도 방에서 이상하 소리가 들리니까

"야, 너 방문 좀 열고 방이 얼마나 더워 졌는지 살펴봐라."

하자, 아우는 빼꼼 방문을 열고 방안을 살폈다. 그러더니 큰 목소리로

"형, 인저 불 그만 때라, 지금 방이 너무 뜨거워서 아버지가 어머니 배 위에 올라가 있어."

그 말을 들은 형이란 녀석 혼자 하는 말

"내 아무래도 그럴 줄 알았어."

〈6-22〉

잠 좀 잡시다

모회사에 다니는 남편과 그의 아내는 비교적 부부의 금슬이 좋은 편이었다. 아직 젊은 부부라 집을 사지도 못하고 빌라에 세를 들어 사는 처지라 옆집과는 벽하나 사이로 방음도 잘 안 되는 처지였다. 그런데 회사의 구조조정 인사 관계로 남편 되는 사람이 갑자기 지방으로 발령이 나서 갓난 아이 하나를 가진 부부는 함께 지방으로 가지도 못하고 떨어져 살게 되었다.

그런 어느 주말, 한 달이 넘어서야 남편이 모처럼 서울 집에 오자, 그날 밤 부부는 정말 격렬하게 그 일을 치르고 있었다. 그러나 그때 옆집 남자가 벽을 두드리며 신경질적으로 하는 말

"아, 이보시오, 옆집도 잠 좀 잡시다, 잠 좀. 이거 매일 이러시면 옆집은 어떡하라구요?"

⟨6-23⟩

할머니의 회고

어느 날, 할아버지 할머니가 나란히 침대에 누워 이런 저런 이야기 끝에 할머니가 지난날을 회고 하는 이야기를 시작 했다.

"당신 젊어서는 수시로 나를 포옹해 주곤 했지."

그러자 할아버지, 대뜸 할머니를 자기의 품에 안고 두 팔에 힘을 주었다.

"어디 그 뿐이우? 당신 툭하면 내게 키스도 잘 해주었지."

그 말을 듣고 할아버지, 할머니 입술에 자기 입술을 포개며 키스 흉내를 내었다.

"게다가 당신 기분이 좋아지면 내 귀를 이빨로 잘근잘근 물어도 줬다우."

이번엔 할아버지가 침대에서 일어나 방문을 열고 나갔다.

"당신 어디 가요?"

할머니가 궁금해서 묻자

"빌어먹을, 화장실로 내 틀니 찾으러 가우!"

⟨6-24⟩

노상 방뇨

어느 아가씨가 길을 걷다 갑자기 소변이 마려워 죽을 지경이었다. 다행히 큰 길은 아니고 웬만한 골목이라 사람도 없고 해서 에라 모르겠다 싶어 옷을 내리고 소변을 보고 있는데 그때 마침 지나가던 방범대원이 이를 보고 말았다.
"아가씨, 노상 방뇨는 경범죄야, 그 벌금이 얼마인지 알아?"
아가씨, 바지를 올리며
"어, 얼마인데요?"
"5천원만 내."
아가씨는 어쩔 수 없다고 느끼고 핸드백에서 돈을 꺼내며
"만 원짜리 밖에 없는데, 그럼 5천원 거슬러 주세요."
그러자 방범대원이 빙그레 웃으며 하는 말
"나도 잔돈이 없으니 한 번 더 싸!"

⟨6-25⟩

네 노인의 고백

노인 요양병원에 여러 남자 노인들이 입원해 있었다. 주로 부인인

안노인에게 얻어맞고 치료차 입원한 한심한 노인들이었다.

먼저 60대 노인에게 70대 노인이 물었다.

"당신은 어쩌다 입원하게 됐소?"

그 말을 듣고 60대 노인이 대답하기를

"나는 아침에 일어나 하두 배가 고파 밥 좀 달라고 했다고 후라이펜으로 얻어맞고 들어왔다우."

"하하, 얻어맞을 소리를 했구먼."

"난 그렇다 치고 70대인 당신은 왜 입원을 했나요?"

"난, 글쎄 아내가 외출한다기에 어딜 가느냐고 물어봤다가 주걱으로 얻어맞고 입원했지 뭐유."

그 말을 듣고난 60대 노인도

"하, 얻어맞을 소리 했군요."

그런 소리를 듣고 이 번엔 90대 할아버지가 80대 노인에게 묻기를

"당신은 80대라면서 왜 입원 했수?"

하고 물으니까

"말도 마슈, 난 글쎄 아침에 일어나서 아내를 한 번 쳐다봤는데 왜 쳐다봤느냐구 사정없이 발길로 찹디다."

그렇게 대답한 80대 노인이 이번엔 90대 할아버지에게 물었다.

"영감님은 어쩌다 그 나이에 입원까지 하셨소?"

하니까 90대 할아버지 한숨을 쉬며

"난, 어제 아침에, 아직도 죽지 않고 눈 뜨고 살아났다고 주먹으로 사정없이 때립디다."

그 소리를 들은 세 노인 모두 고개를 주억거렸다.

⟨6-26⟩

당신 들었소?

　영국 엘리자베스 2세와 그녀의 부군이 인근 교외로 승마 산책을 나왔다. 산책을 마치고 우수한 명마를 많이 기르고 있는 인근 한 목장에 들렀다. 목장의 목동이 엘리자베스 2세에게 설명했다.
　"이 종마는 우수한 혈통을 지닌 명마입니다."
　부군이 물었다.
　"일주일에 몇 번 정도 교접을 하게 하는가?"
　"매일합니다."
　그 말을 들은 엘리자베스 2세가 부군을 향해 물었다.
　"당신 들었지요?"
　그러자 부군이 다시 목동에게 물었다.
　"그럼 이 종마는 매일 같은 말 하고만 교접을 하나?"
　"아닙니다. 매일 다른 말하고 합니다."
　부군이 엘리자베스 2세를 돌아보며 말했다.
　"당신 들었소?"

⟨6-27⟩

치마와 바지

두 수녀가 깊은 밤에 수녀원으로 가는데 웬 치한 같은 남자가 뒤를 졸졸 따라왔다. 그런 낌새를 안 선배 수녀가 젊은 수녀에게
"빨리 가자. 뒤에 따라오는 남자가 수상타."
두 수녀는 걸음을 빨리 했다. 그래도 그 남자는 계속 따라오고 있었다. 그러자 선배 수녀가 다른 방법이 생각나 후배수녀에게 말했다.
"나는 수녀원 쪽 길로 가서 직원들에게 알릴 게 자네는 다른 길로 가서 끝까지 저항하고만 있거라."
이 말을 하자 후배 수녀도 알아듣고 그들은 각각 다른 길로 걸었다. 치한이 젊은 수녀의 뒤를 따라 온 것은 물론이었다.
그런데 얼마 후 젊은 수녀가 여유 있게 수녀원으로 뛰어 오는 게 아닌가.
"무사했구나, 그런데 자네 어떻게 그 치한을 따 돌렸는가?"
선배 수녀가 궁금해서 묻자 젊은 수녀는 싱글벙글 웃으며
"뭐, 그냥 잡혀는 줬죠."
"그냥 잡혀 주다니? 오 하나님, 그래 어찌 된 거야?"
"그냥 제 치마를 위로 치켜 올렸습니다."
"어머머, 뭐 라구? 오 마이 갓, 그래서?"
"그 남자가 좋다구 바지를 내리더군요."
"오 주여! 그래서? 망할 놈 같으니 그래 볼 장 다 본 겨?"

"수녀님, 참, 치마만 올렸다 내린 년하고 구두 벗고 바지 막 내린 놈하고 누가 더 빨리 뛰겠어요?"

"옳거니, 그래서 자네가 빨리 뛰었다?"

〈6-28〉

관계자

어느 회사원이 자기 아내가 초산으로 곧 해산할 기미가 있다고 해서 입원을 시켰는데 병원으로부터 무사히 분만을 했다는 소식을 듣고 너무 반가와 산부인과 병원으로 달려와서 곧장 분만실로 들어가려고 하자 간호사가 만류하며

"안 됩니다, 분만실은 관계자 이외에는 누구도 못 들어갑니다."

하고 말하니까 그 남자 하는 말

"이번 일은 내가 관계자인데요?"

⟨6-29⟩

항구는 상관없다

어느 선원이 오랜 항해 끝에 육지에 상륙해서 하룻밤을 보내게 되었다.

그는 친구와 술을 한잔하고 은근히 여자 생각이 나서 창녀촌을 찾아갔다. 선금을 지불하고 여자가 있는 방에 안내되어 옷을 벗고 불을 끈 채 그 일을 시작하게 됐는데 술김이라 그랬는지 여자의 엉뚱한 곳(항문)에 거시기를 밀어 넣고 말았다.

창녀가 질색을 하고

"아저씨, 거기가 아니란 말예요. 행선지를 잘못 알고 들어왔다구요."

그러자 이 선원 말하기를

"괜찮아, 오늘같이 비상 착륙한 날은 아무 항구라도 배만 잘 대면 그만이야!"

⟨6-30⟩

소녀의 질문

어떤 남자가 슈퍼마켓에 가서 산 물건들이 비누 1개, 칫솔 1개,

치약 1개, 빵 한 덩어리, 우유 한 병, 시리얼 한 상자, 냉동식품 한 상자였다.

    계산대의 소녀가 그를 보고
"결혼 안 하셨죠?"
하고 묻자 이 남자가 비꼬는 말투로
"그걸 어떻게 알았죠?"
하자, 이 소녀 하는 말
"못 생겼으니까요."

제7장 사이즈를 몰라서

가정부 칫솔 / 외눈박이의 송사 / 그래도 도둑은 도둑
통행금지 팻말 / 배우자 사망 이후 / 어머니의 질문
옛날 그대로야 / 그 남자의 첫날밤 / 밤과 낮
홀아비의 꾀 / 아버지의 답변 / 이것도 진짜인데
정말 몰랐습니다 / 박순경의 봉변 / 사과 값
사이즈를 몰라서 / 의사의 반응 / 2시간 1분
어머니 만지지 마세요 / 의사의 진단 / 그냥 놔두십시오
치한의 월급 / 결혼반지 / 10회 분 / 교수님 가르쳐 주세요
어젯밤 좋았어요 / 어떤 착각 / 아는 사람이에요?
현대 의학 / 살모사와 땅꾼 / 어머니 사진 없소?

⟨7-01⟩

가정부 칫솔

아직 유치원생인 아들놈이 제 어머니가 샤워하는 줄도 모르고 욕탕 문을 열었다. 전에도 어머니 사타구니에 검은 털이 난 것이 수상했던 녀석이 그날 목욕이 끝난 어머니 품에 안기며 궁금해서 물었다.
"엄마, 엄마 배꼽 밑 두 다리 사이에 난 검은 털 같은 게 뭐야?"
그 말을 듣고 당황한 어머니는 잽싸게
"음, 그건 엄마의 칫솔이야."
했다. 그러자 아들 놈 하는 말
"아, 그래서 아빠가 가끔 가정부 누나 칫솔로 이빨을 닦는구나."

⟨7-02⟩

외눈박이의 송사

옛날 한 외눈박이 나그네가 날이 저물자 주막에서 하룻밤을 묵어 가게 되었다. 그런데 밤이 이슥해지자 옆방에서 주인이 아내와 함께 그 일을 한판 벌이기에 앞서 자기 아내를 불러 희한한 소리를 했다.
"여보, 이놈의 외눈박이 놈을 삭 죽여야 하겠소!"
"좋아요!"

그러나 옆방에서 그 두 부부의 이야기를 들은 외눈박이 나그네는 너무 놀라서 가져온 보따리도 챙길 틈 없이 그 주막집에서 나와 정신 없이 달아나고 말았다. 그리고 이튿날 고을 사또에게 고발을 했다. 송사를 접한 사또는 다음날 주막 주인을 불러들여 사실을 물었다. 주인은 사또의 문초를 듣고

"그런 일이 없습니다."

그러자 나그네가 얼굴을 붉히고 힐문했다.

"네놈 거짓말 하지 말아라. 그 밤에 네놈이 네 아내와 함께 외눈박이를 죽인다고 해 놓고 그 일에 책임이 없다고 할 것이냐?"

그 말을 듣고 주인이 대답했다.

"허허, 남자의 양물에 눈이 하나뿐이라 외눈박이라고 하는 것은 흔한 농담 아니요? 나가 아내와 그 일을 끝내고 나면 내 물건이 팍 죽는 것은 당연한 노릇 아니겠소? 그래 내가 그 일을 시작하기 전에 죽이자고 한 말을 손님이 마침 외눈박이라 그리 잘못 들으신 것입니다."

"……."

그 말을 듣자 사또는 웃고, 소송한 외눈박이는 아무 말도 못했다.

⟨7-03⟩

그래도 도둑은 도둑

어느 양반집 아들이 시골관아에 볼 일이 있어 길을 떠나 그 고을 관아에 들렀더니 일이 끝나자 그날 밤 관아에서 그 양반 자제를 위하여 술판을 푸짐하게 벌였다. 산해진미와 기생들 까지 불러 놓은 향응이었지만 가만 생각해보니 그 날이 마침 그의 아버지 기일이어서 도무지 흥이 나지 않았다. 그는 몸이 안 좋다는 핑계를 대고 먼저 침소에 가 누웠다. 그런데 그 관아에서는 그를 위무해주라고 그의 침소에 수청 기생 하나를 보내주었다. 그녀가 옆에 와서 앉아 있는데 촛불아래 그녀의 모습은 너무 젊고 예뻤다. 그는 아버지 기일을 생각하면 있을 수 없는 일이지만 젊은 남자로서 그 기생을 그냥 두고 자자니 잠이 올 것 같지 않았다.

두 갈래 생각으로 괴로워 하다가 밤이 깊어지자 드디어 더는 참지 못하고 기생을 이불 속으로 끌어 들여 옷을 벗기고 자신의 양물을 일단 꽂았다 가는 곧 빼고 또 꽂았다는 빼고 하며 혼자 중얼 거렸다.

"오늘 내가 자네를 제대로 보지 못하고 일을 이상하게 치르는 것은 오늘이 마침 우리 아버지 기일인 때문이라, 예쁜 자네를 생각하면 하고 싶어 꽂고, 아버지 기일을 생각하면 빼야 할 것 같아 이러는데 자네는 이 일을 어찌 생각하는가?"

하고 묻자 기생이 빙그레 웃으며

"참, 양반어른은 효자이시기는 한데, 도둑이 이미 어느 집에 들어왔다 물건을 훔치다 말고 그냥 나간다고 도둑의 이름을 면할 수 있겠습니까? 기왕 제 집에 들어오셨으니 일을 끝내고 나가시지요."

라고 말하자 그는 그때야

"알았구나. 어서 일을 잘 끝내자꾸나!"

하고 다시 그 일을 시작하여 제대로 회포를 풀었다.

〈7-04〉

통행금지 팻말

여자 나이가 지긋해지면 으레 그곳에는 숲이 우거지게 마련이다. 그런데 어느 어머니가 나이 든 딸에게서 아직도 그곳이 맨숭맨숭 하다는 말을 듣고 그 어머니는 혹 잘못 된 게 아닌가 싶어 걱정이 되었다. 혼자 속을 끓이던 어머니는 이웃마을에 있는 의원에게 상의하러 갔다.

그런데 그 의원은 그 집 딸이 행실이 나빠 이미 헤프다는 소문을 익히 듣고 있던 터라 그 어머니가 와서 자초지종을 말하자 싱긋 웃으면서

"걱정하지 마시오."

"걱정하지 않아도 될까요?"

"하지만 당분간은 통행금지 팻말을 세워야 겠소이다."

"통행금지라뇨?"

"사람이 많이 다니는 길에는 풀이 나지 않는 법이니까요."

⟨7-05⟩

배우자 사망 이후

배우자가 사망하면 남자든 여자든 남들 앞에서는 굉장히 서러워하는 것 같지만 속 마음으로는 반드시 그렇지도 않다고 한다.

어느 남자는 아내의 장례식을 끝내고 집에 와서 샤워를 하며 제 물건을 손바닥으로 툭툭 치며 속으로 하는 말

'야, 너 이제 좀 바빠지겠구나!'

했다. 그와는 반대로 남편을 먼저 떠나보낸 아내가 장례식을 모두 끝내고 집에 와서 샤워를 한 다음 안방에 들어가서 아직 나체인 채로 거울에 비친 제 국부를 보며 혼자 하는 말

'야, 너를 이제 전세로 내줄까, 월세를 놓을까, 아니면 아예 일수를 찍을까?'

⟨7-06⟩

어머니의 질문

다 큰 딸에게 남자 친구가 생긴 기미를 안 어머니가 어느 날 딸과 한가롭게 마주앉아서 이런저런 이야기를 하다가 어머니는 딸에게 은근히 걱정이 되는 몇 가지를 묻고 싶었다. 그래서 어머니가 질문

을 하자 딸이 대답하기 시작했다.
"애야, 남자 친구가 네 손을 잡으면 어떻게 할꺼냐?"
"그야 손을 확 뿌리치면 되죠."
"그럼 너에게 키스를 하려고 덤벼 들면?"
"당장 따귀를 한 대 대리죠 뭐."
"이 번엔 너를 꽉 끄러 안고 애무하려고 하면?"
"사정없이 얼굴을 할퀴죠."
"알겠다. 그럼 너 보고 함께 자자고 하면?"
"어머니, 제가 지랄하는 거나, 그 사람이 참는 것도 한계가 있다구요!"

⟨7-07⟩

옛날 그대로야

어느 대학을 나온 유명인사가 오랜만에 자기의 모교를 방문했다.
총장은 그를 융숭히 대접하고 그가 마침 그 대학의 기숙사 출신이라는 말을 듣고 그 기숙사를 둘러보게 했다.
그때 마침 방에서 여학생과 함께 있던 한 남학생은 총장이 기숙사를 돈다는 말을 듣고 급한 마음에 옷장 속에 여학생을 숨겨두었다. 그런데 아니나 다를까 예감대로 총장과 유명인사가 하필 그 학생 방에 들어왔다.

"기숙사 옷장도 옛날 그대로군요."

그러면서 그는 감개무량한 얼굴로 자연스레 옷장 문을 열어 보았다.

"허, 여학생이 옷장 안에 들어 있는 것도 옛날 그대로군."

"아닙니다, 선배님, 실은 이 여학생은 제 동생입니다."

"그래! 거짓말도 옛날 그대로야."

〈7-08〉

그 남자의 첫날밤

평소에 바람을 많이 피우던 한 남자가 이제 과거를 청산하고 새 여자와 결혼하기 직전 몇몇 여자와 마지막 고별 섹스를 가졌다. 그러나 아주 질투심이 강한 한 여자가 섹스 끝에 화를 참지 못하고 그 남자의 거시기를 물어뜯다 시피 해서 큰 상처가 났다. 결혼 날짜는 다가오고 난감해 하던 그는 할 수 없이 의사에게 가서 자초지종을 이야기하고 도움을 청했다. 그러자 의사가 거시기에 뺑 돌아가며 네 개의 나무 쪽대기를 대어 감싸주었다. 드디어 신혼 첫날밤, 어렵게 잠자리에 들었는데 거기가 그 지경이니 뭐라고 변명할 여지가 없어 괴롭기 짝이 없었다. 그때 신부가 먼저 옷을 벗으며 대담하게 자신의 그곳을 가리키며 말했다.

"새신랑 양반, 이거 아무도 건드리지 않은 정말 새 거예요, 그러니 마음 놓고 가지세요."

그러자 이 바람둥이 남자 또한 팬티를 벗으며 하는 말

"하하, 이걸 잘 봐보세요. 이건 아직 박스도 뜯지 않은 신제품이라구요."

⟨7-09⟩

밤과 낮

어느 큰 건축공사장 한 켠에서 목공일을 하는 목수가 다방으로 아침 커피를 시켰다. 다방 아가씨가 커피 배달을 오다가 공사장 마당에서 그만 못에 발을 찔리고 말았다. 아가씨가 쭈그리고 앉아 신세한탄을 하는 말

"빌어먹을 낮엔 못에 찔리고 밤엔 X에 찔리고 살 수가 없네."

그 말을 듣고 난 목수 아저씨

"아가씨는 나보다 나아, 난 낮엔 못 박고 밤엔 X박고 힘들어 죽겠다."

그때 수도 가에서 목수의 아내 되는 아낙이 남편의 빨래를 하려고 나왔다가 두 사람 말을 듣고 하는 말

"당신들은 나보다 나아, 나는 낮에는 빨래 빨고 밤에는 X빨고 아주 죽겠어."

그러자 그 옆은 지나는 돌팔이 스님이 하는 말

"하, 나도 낮엔 목탁 치고 밤엔 딸딸이 치고 죽을 지경이구먼."

〈7-10〉

홀아비의 꾀

　옛날 어느 시골 마을에 한 젊은 과부가 살았는데 남편의 유산이 많아 아주 윤택하게 잘 지내고 있었다. 같은 마을에 홀아비도 하나 있었는데 그리 가세가 넉넉지 못해 다시 장가도 못 들고 외롭게 지내고 있었다. 그 홀아비는 무슨 수를 써서라도 부자 과부와 결합하고 싶은데 묘방이 없었다. 그래 백방으로 고민을 하다가 하루는 새벽부터 그 과부네 집 주변을 돌며 과부의 일상을 살피기에 이르렀다. 마침 과부가 새벽 6시쯤이면 안마당 건너 사랑채 부엌에서 소죽을 끓이는 모습을 발견했다. 그 다음 날 가 봐도 과부는 6시에 소죽을 끓였다. 그는 아주 친한 동네 친구와 상의를 했다. 자신이 어느 날 과부의 집 안방에서 주인 행세를 할 터이니 그날 그 집에 와서 소를 빌려 달라고만 하라고 미리 약속을 했다.
　드디어 친구와 약속한 날, 새벽 6시가 막 지나자 그는 그 집 과부가 소죽을 끓이러 나오는 기미를 확인하고 뒷 담장을 넘어 과부네 안방 뒷문을 통해 안방으로 들어 간 뒤 옷을 홀랑 벗고 과부가 자던 이불 속으로 들어가 있었다. 그때 마침 그 홀아비의 친구가 대문을 밀고 들어 와서
　"아주머니, 오늘 제가 밭일을 좀 하려고 하니 댁의 소 좀 한나절만 빌려 주시죠."
　했다. 그 말이 떨어지자 안방 문이 확 열리며 그 홀아비가 이불 속

에 누운 채로

"허, 이 사람아, 오늘 우리도 밭일 할 것이 있으니 소는 빌려줄 수 없네."

하는 게 아닌가. 두 사람이 모두 놀라 어안이 벙벙했는데 그 친구가 먼저

"아니, 자네가 언제부터 이 집 주인이 됐나?"

하고 묻자 그 홀아비 태연히 하는 말

"허허, 한 동네 살다보니 두 사람 다 짝이 없고 해서 어느 날부터 이렇게 함께 살기로 했다네." 했다.

"아니? 아저씨 내가 언제 아저씨와 함께 산다고 했어요?"

과부도 정신없이 물었다. 그러자 홀아비는 다시 방문을 닫고 눕고 말았다.

이내 그 집을 나온 그 친구는 동네에 돌아다니며 만나는 사람에게마다 그 사실을 소문내고 말았다. 그러자 몇몇 사람들이 몰려와 그 집 안방 문을 열고 아직 이불 속에 누운 그를 확인했다. 소문이 그대로 눈앞에 증명이 된 것이다.

과부는 너무 뜻밖이고 부끄러웠지만 한 편 속으로는 잘 됐구나 싶기도 했다.

"아주머니, 저도 염치는 없었지만 우리 외로운 처지니까 서로 아끼며 살기로 합시다."

그는 두 손으로 싹싹 빌며 사정을 했다. 그러자 과부는 그 홀아비에게 다음 세 가지를 지킬 수 있느냐고 물었다. 곧 나 말고 딴 여자를 보지 말 것, 절대 놀음을 하지 말 것, 술을 세 잔 이상 마시지 말 것.

등이었다. 그는 물론 꼭 지키겠다고 장담하자 과부는 그의 청혼을 받아들이기로 했다.

며칠 후, 그 홀아비와 과부는 부부의 혼례를 간단히 올리고 둘이 합쳐 아들 딸 낳고 아주 단란한 한 평생을 살다 갔다 한다.

〈7-11〉

아버지의 답변

나이 지긋해서 장가를 간 한 남자가 어느 날 여섯 살 난 막내아들과 목욕을 갔다. 아들 녀석이, 샤워를 하고 돌아서는 아버지 물건을 힐끗 보니 그게 이상하게 밑으로 축 쳐져 있는 게 아닌가. 그게 너무 궁금한 아들이 아버지에게 물었다.

"아버지 자지는 왜 이렇게 축 늘어져 있어요?"

그 말을 들은 아버지 맥없이 하는 말

"이 놈아, 한 30년간 조개에게 물리고 나니 이렇게 늘어진 걸 어쩌겠니?"

⟨7-12⟩

이것도 진짜인데

어느 날 새로 문을 연 정자은행에서 누구든 정자를 주는 사람에게 돈을 준다는 광고를 냈다. 이 소식을 들은 꽤 많은 남자들이 줄을 서서 자기 차례를 기다리고 있는데 웬 여자 하나도 그 줄에 끼어 있는 게 아닌가.

잘못 알고 줄을 섰다는 것을 알려 주기 위해 은행 직원이 그녀에게 다가가 말했다.

"아가씨, 여기는 남자들이 정자를 팔려고 줄을 서고 있는 중인데요, 잘 모르고 오신 것 같습니다."

그러자 그 아가씨는 앙다문 입으로는 말을 못하고, 웬 종이쪽지를 은행 직원에게 보여주는 게 아닌가. 그 쪽지엔 다음과 같이 적혀 있었다.

-- '이 입속에 든 것도 진짜 정자입니다.'

⟨7-13⟩

정말 몰랐습니다

어느 날 부잣집에서 가정부에게 그 집 주인이 오늘 밤 퇴근하면 함께 자자고 미리 귀뜸을 주었다. 그러자 무서운 주인마님을 떠올린 그 가정부가 그 사실을 미리 마님에게 말하기를

"마님, 주인아저씨가 오늘밤 제 방에서 저하고 정을 통하겠다고 하셨습니다."

라고 알려 주었다. 그 소리를 들은 마님은 화가 머리끝까지 올라 어쩔 줄을 모르다가 아예 퇴근시간이 지나자 자신이 먼저 가정부 대신 그녀의 방 이불 속으로 들어가 옷을 벗고 남편을 기다리고 있었다. 밤이 이슥해서야 어두운 방에 드디어 한 남자가 나타나 약간 잠에 묻혀 있는 마님을 아주 격렬하게 애무하며 그 일도 뜨겁게 치르게 되었다. 마님으로선 정말 평소엔 맛보지 못했던 쾌감이었다. 일이 끝나자 다소 미심적은 마님이 전등을 켜자마자 너무 놀라 자신도 모르게 소리 쳤다.

"내가 이 방에 와 있을 줄은 미처 몰랐을걸."
"사모님, 정말 몰랐습니다. 정말 죄송하게 됐습니다."

그 남자는 그집 영감이 아니라 그 집 운전기사였다.

〈7-14〉

박 순경의 봉변

어느 마을에 약간 정신 이상이 된 올드미스가 있었는데 그녀는 품행마저 그렇고 그래서 이 남자 저 남자와 함부로 그 짓을 한다는 소

문이 자자했다. 마침 가을비가 촉촉이 내리는 저녁이었다. 그 마을 파출소에 박 순경 혼자 숙직을 하려고 파출소를 지키고 있는데 난데없이 그녀가 파출소에 들어와서

"아저씨, 외로우시죠? 저 시간 많아요. 아저씨 너무 좋다."

어쩌구 하며 애교를 떨고 있었다. 아직 총각인 박 순경, 비도 구질구질 내리겠다 아무리 좀 돈 여자라지만 인물도 웬만하고 하니 은근히 색정이 동했다. 하여 숙직실로 데리고 가서 침대에 눕혀 놓고 막상 일을 시작하려고 하니 평소에 많은 남자와 상대 했다는 소문이 머리에 스쳐 그는 재빨리 숙직실에 상비약처럼 비치돼 있는 '안티푸라민'을 바르고 하면 소독이 될 거라는 생각을 했다. 그래 자신의 남근에 그걸 찾아다 바르고 대뜸 그녀를 덮쳐 그 일을 삽시간에 끝내고 말았다.

그런데 이 무슨 봉변이가. 그 이튿날부터 이 처녀가 마을 골목골목을 걸어 다니며 미친년처럼 외치는 말

"박 순경 자지는 화 해! 박 순경 자지는 아주 화 해!"

〈7-15〉

사과 값

한 예쁜 아가씨가 할머니와 함께 과일가게에 들렀다. 아가씨가 생글생글 웃으며 주인에게 물었다.

"아저씨, 이 사과 한 개에 얼마예요?"

"한 개 정도는 예쁜 아가씨가 뽀뽀 한 번 만 해주면 그냥 공짜로 줄 수도 있지."

"좋아요, 그럼 다섯 개만 싸 주세요."

주인은 얼른 사과 다섯 개를 싸 주면서 이내 아가씨에게 입술을 쑥 내밀면서 말했다.

"자 이제 뽀뽀 다섯 번 해 줘야지."

그러자 아가씨 웃으며 하는 말

"호호, 계산은 저희 할머니가 하실 거예요."

〈7-16〉

사이즈를 몰라서

어떤 남자가 아내에게 장갑을 사 주려고 상점에 들어갔다.

그런데 장갑의 크기를 알 수가 없었다. 그러자 여직원이 상냥하게 물었다.

"부인 되시는 분 손 사이즈를 모르시겠다고요? 그럼 제 손을 한 번 잡아보시죠."

남자는 여직원의 손을 몇 번 만지작거리고 나서 장갑 하나를 골랐다. 그런데 장갑을 사가지고 나오던 그 남자, 잠시 주춤 하더니 다시 상점으로 들어와 하는 말

"저, 기왕 사는 김에 제 아내 브래지어도 하나 살까 하는 데요…."

⟨7-17⟩

의사의 반응

한 여자가 정신과 병원에 가서 의사를 만났다.
"어디가 편찮아서 오셨습니까?"
의사가 정중히 묻자
"저는 참 이상해요, 술만 마셨다 하면 남자를 밝혀요. 그리고 나서는…."
그러자 의사가 벌떡 일어나더니 장식장 문을 열고 양주를 한 병 꺼내며
"자, 그럼 천천히 우리 술 한 잔씩 나누면서 진찰을 해봅시다."

⟨7-18⟩

2시간 1분

시집 간 지 꽤 오랜 된 여고 동창생 셋이 모처럼 모여 식사를 하고 나서 커피 타임에 자기 남편들 자랑을 늘어놓고 있었다.
영자; "우리 남편은 한 번 시작했다 하면 한 시간이야."
호순; "말도 마라 우리 그이는 시작했다 하면 밤 새 잠도 못 자게 하는 걸."

영자; (태숙이를 바라보며)"그런데 왜 너는 그렇게 시무룩하니? 말 좀 해봐."

그러자 말 없던 태숙이가 입을 열었다.

태숙; "사실 우리 애 아빠는 그걸 하는 데 꼭 2시간 1분이 걸려"

나머지 두 여자가 부러운 표정을 지으며 물었다.

"그렇게 오래 걸려?"

" 응, 세우는데 2시간, 하는데 1분!"

〈7-19〉

어머니 만지지 마세요

어느 초등학교 여자 학생이 임신을 했다.

이 문제로 여학생 어머니는 자기 딸을 임신시킨 옆집 남자 초등학생을 제소했다.

판사 앞에서 어린 남자애 엄마가 변론을 했다.

"세상에 말도 안돼요, 이렇게 어린 애가 어떻게 그런 짓을 했다고 보세요. 정말 너무 억울해요."

그러더니 판사 앞에서 아들의 바지와 팬티를 벗기며 말했다.

"판사님 좀 보세요. 이런 작은 고추를 가지고, 이걸로 뭘 합니까?"

엄마는 아이의 그걸 잡고 판사에게 무죄를 애원했다.

그러자 그 아이가 엄마 손을 밀어내며 말했다.

"엄마, 자꾸 만지지 마세요, 만질수록 우리가 불리해요."

〈7-20〉

의사의 진단

어느 젊고 예쁜 아가씨가 병원으로 건강 진단을 받으러 갔다. 그날 진료 의사는 잘 생긴 얼굴에 평소에 바람끼가 심한 중년의 남자였다.

의사는 여인을 침대에 누이고 먼저 가슴에 손을 넣으며 말했다.

"내가 지금 무얼 하고 있는지 알겠어요?"

아가씨가 대답했다.

"네, 선생님은 지금 제 유방암 유무를 검사하고 계십니다."

의사는 이번엔 손으로 그녀의 배를 더듬기 시작했다.

"내가 지금은 뭘 하고 있지요?"

"네, 선생님은 제 맹장을 검사하고 계십니다."

가슴과 배를 더듬어도 여자가 가만히 있자, 의사는 너무 흥분 되는 것이었다. 의사는 더는 참을 수가 없어 문단속을 먼저 하고 자기도 옷을 벗어 던지고는 서둘러 자신의 그것을 여자의 그 곳에 깊숙이 집어넣었다.

의사가 흥분에 들뜬 목소리로 다시 물었다.

"아가씨, 아가씨는 이 번엔 내가 무얼 하고 있는지 알지요?"
"물론이죠."
"무얼 하고 있습니까?"
그러자 그 아가씨가 태연히 말했다.
"선생님은 지금 제 성병을 검사하고 계십니다. 물론 저는 그 병 때문에 병원에 왔고요."

〈7-21〉

그냥 놔두십시오

어느 경찰서에 전화벨이 울렸다.
"가 강도가, 그것도 강간에 절도범이 들었어요."
다급해 하는 젊은 여성의 목소리에 경찰관이 힘 있는 목소리로 말했다.
"바로 출동하겠습니다. 범인의 지문을 채취해야 하니까 사건 현장을 그대로 놔두십시오. 특히 범인이 손을 댄 곳은 절대로 그냥 놔두셔야 합니다."
그러자 전화를 건 여인이 떨리는 목소리로 묻는 것이었다.
"그럼 거기를 닦지도 못하나요?"

〈7-22〉

치한의 월급

저녁 퇴근 시간, 지하철은 초만원을 이루었다. 아까부터 자신의 그것을 젊은 여성의 궁둥이에 자꾸 쿡쿡 쳐대는 치한이 있었다.
참다못한 여인이 치한을 돌아보며 일단 경고 했다.
"야, 어디다 뭘 자꾸 갖다 대는 거야?"
그러자 남자가 오히려 큰 소리로 대꾸했다.
"무슨 소리를 하는 거야? 내 주머니 속에 든 월급봉투가 좀 닿았을 뿐인데…."
이어 여인이 크게 소리쳤다.
"야 임마! 너는 잠깐 사이에 월급이 세 배나 커지냐?"

〈7-23〉

결혼반지

결혼 한지 한 3년 지난 부부가 있었다. 이상하게 어느 날 부터인가 그의 아내가 결혼반지를 왼손 환지에 끼지 않고 다른 손가락에 끼고 있었다.
남편이 이상해서 물었다.

"여보, 당신은 왜 결혼반지를 엉뚱한 손가락에 끼고 있지요?"
그러자 아내가 심드렁하게 하는 말
"그건 내가 엉뚱한 남자랑 결혼한 때문이죠."

〈7-24〉

10회 분

여자는 남자 손님을 자기 방으로 데리고 가면서 말했다.
"의자 위에서 는 10달러, 침대 위에서는 100달러에요."
그러자 손님은 100달러를 침대 옆 작은 테이블 위에 내 놓으며,
"알았소, 그럼 의자위에서 하기로 하고 10회 분이요."

〈7-25〉

교수님 가르쳐 주세요

어느 여자대학교에서 한 중년 여교수가,
"여러분 여자들에겐 정조가 가장 소중합니다. 사내의 유혹을 받게 되면 한 시간, 그렇죠, 고작 한 시간의 쾌락을 위해 몸을 망쳐 자신의 일생이 엉망이 되어도 좋은지 어떤 지를 냉철하게 생각해 봐야

해요."

하고 말하고 나서 흑판에 커다란 글씨로 '정조(貞操)'라고 썼다.

그리고 돌아서니 교탁 위에 작은 쪽지가 올려져 있었다. 무심히 그걸 손에 들고 보니,

"교수님, 쾌락을 한 시간이나 가질 수 있는 방법을 가르쳐 주서요."

라고 씌어 있었다.

〈7-26〉

어젯밤 좋았어요

일요일 아침이었다. 침대에서 눈을 뜬 아내가 아직도 깊은 잠에 빠져 있는 남편 품에 다시 안기며 달콤한 목소리로 속삭였다.

"당신, 어젯밤에 너무 좋았어요. 앞으로도 그렇게…."

그러자 남편이 눈을 번쩍 뜨며

"아니, 무슨 잠꼬대야? 이봐요, 난 어젯밤 친구들과 밤을 꼬박 새고 포커를 하고 얼마 전에 들어와서 베드에 막 누었을 뿐인데."

⟨7-27⟩

어떤 착각

어떤 중년 부인이 성당에 와서 신부 앞에 고해성사를 했다.
"신부님, 저는 하루에도 몇 번이나 거울을 보면서 제가 너무 아름답고 섹시하다고 저 혼자 뽐냈습니다. 제 교만한 죄를 용서해 주십시오."
이 고백을 들은 신부가 칸막이 커튼을 조금 들어 올려 그녀를 힐끗 쳐다보고는 이렇게 말했다.
"자매님, 안심하세요. 그것은 죄가 아니고 착각입니다. 안녕히 돌아가세요."

⟨7-28⟩

아는 사람이에요?

부부가 외출을 했는데 앞서 가던 남편이 그만 도로를 무단 횡단을 했다. 그때 남편 옆을 용케 피해 가던 트럭 운전사가 소리소리 욕을 하기 시작했다.
"야이, 바보 멍청이, 얼간 머저리, 병신 쪼다야! 너 길 좀 똑바로 건너, 죽으려고 환장을 했나?"

이 말을 들은 그의 아내가 남편에게 물었다.

"당신 아는 사람에요?"

"아아니."

"그런데 당신에 대해 어쩜 그렇게 잘 알아요?"

〈7-29〉

현대 의학

의사가 환자를 진찰하고 나서 어두운 얼굴로 말했다.

"말씀 드리기 괴롭습니다. 환자님의 병명은 위암입니다. 그러니 마음의 준비를 하십시오."

환자는 깜짝 놀라 의사에게 항의 했다.

"아니, 의사 선생님, 어제는 나더러 체했다고 하지 않았어요? 그래 놓고 이제 와서 위암이라고요?"

그러자 의사는 아주 심각한 얼굴로 점잖게 말했다.

"모르시는 말씀 마세요, 현대의학은 하루가 다르게 발전하고 있답니다. 아시겠어요?"

〈7-30〉

살모사와 땅꾼

고등학교에 다니는 철수 반에 대학을 갓나온 여선생님이 목에 힘을 주고 자기소개를 했다.
"대학교 다닐 때 내 별명이 '살모사'예요. 학생들 조심하세요. 앞으로 수업시간에 떠들거나 장난을 치면 가만 두지 않을 거예요."
그러자 바로 철수가 대답했다.
"선생님, 제 별명은 땅꾼입니다."

〈7-31〉

어머니 사진 없소?

어느 회사에서 여비서를 채용하기 위해 면접시험을 치르고 있었다. 사장이 한 여자를 보자 눈에 확 띄는 미인이었다. 평소에 여자를 너무 밝히는 그 사장은 이 여자를 놓치고 싶지가 않았다. 미인에 약해 그 여자를 채용하기로 결정 한 뒤에 사장이 하는 말
"아가씨, 당신을 채용하겠소. 그런데 혹시 어머니 사진이 있으면 가져오쇼. 사전에 우리 마누라에게 보여줘야 하니까."

제8장 노처녀의 절규

석고상을 위로하며 / 총각 선생의 착각 / 부인의 검사
시동생의 선물 / 어떤 복수 / 노처녀의 절규
부활을 믿나? / 수녀 면접 / 사망 신고 / 항해 일기
턱수염이 그거죠 / 색과 식 / 학교 가기 싫어
기회는 또 있다 / 누드 그리기 / 고추 이야기
끼 많은 여자 / 세 아줌마 / 노인들의 항변
비디오 잘 봐라! / 점을 쳐 봤더니 / 상처가 나자
나그네의 착각 / 당찬 며느리 / 존댓말 싫어!
관절염과 교황 / 여비서와 사장부인 / 편지지
금상첨화 / 어느 후회 / 문신 보기

⟨8-01⟩

석고상을 위로하며

어느 유부녀가 불륜의 애인과 침실에서 밀애를 나누고 있는데 출장을 간 남편이 하루 먼저 돌아왔다.

옷 벗은 애인이 피할 길이 없자 부인은 서둘러 베이비오일과 하얀 분가루를 남자 몸에 뒤집어씌우고 말았다.

"자기 이제부터 석고상이니까 절대 움직이면 안 돼."

이내 남편이 들어와서 부인에게 물었다.

"이게 뭐야?"

"아, 그냥 석고상이에요. 옆집에 갔더니 침실에 석고상이 있더라구요. 좋아 보여서 나도 하나 샀죠."

남편은 석고상에 별 관심이 없는 듯 저녁을 먹고 밤이 되자 잠이 들었다.

그러나 다음날 아침, 그녀의 남편은 부엌에서 우유와 샌드위치를 들고 안방에 들어와 석고상에게 말을 했다.

"형씨, 이것 좀 드쇼. 내가 옆집에서 사흘 동안이나 석고상 노릇을 해봐서 잘 알죠, 서 있자니 엄청 배가 고픈데 누구 물 한 잔 주는 사람 없더라구요."

⟨8-02⟩

총각 선생의 착각

어느 여자 고등학교에 총각 선생님이 새로 부임했다. 자기소개를 마친 선생에게 한 여학생이 손을 들고 질문을 했다.
"선생님, 수업과 관계없는 질문 한 가지 드려도 돼요?"
"그래 해보렴."
"남자의 신체 중앙에 있고, 뛰면 흔들리고 누가 잡아당기면 심한 고통을 느끼는 것이 뭔지 아세요?"
이 말에 선생님의 얼굴이 온통 붉어졌다.
잠시 후 여학생이 천연덕스럽게 대답했다.
"그건 넥타이입니다."

⟨8-03⟩

부인의 검사

시골 방앗간 집 주인이 산 너머 마을로 쌀 배달을 가게 되었다. 그런데 산 너머 그 마을에는 객주집이 있고 그 집에 반반한 색시들이 있다는 소문을 들은 적이 있어 그 마누라는 도무지 안심이 안 되는 것이었다. 그도 그럴 것이 평소에 자기 남편은 아내를 속이고 분탕

질을 하는데 아주 이골이 났기 때문이었다.
 마누라는 아무래도 안심이 안 되어 남편을 불러 놓고 남편의 거기에 밀가루를 칠하며 말했다.
 "당신 저녁에 집에 오면 이걸 검사 할 터이니 조심하세요. 이 가루가 씻겨 나가면 아예 집에 들어올 생각도 하지 말아요."
 '제길 밀가루야 어딘들 없어.'
 주인은 콧방귀를 뀌며 집을 나섰다. 그는 배달을 마치고 받은 돈을 가지고 객주 집에 가서 한 잔 하고 평소에 감춰 둔 돈으로 색시와 재미를 본 다음 그 집에서 밀가루를 가져오라고 하여 화장실에 가서 다시 바른 뒤 시치미를 뚝 떼고 집으로 돌아왔다. 아내는 남편에게서 술 냄새가 나자 지체 없이 검사를 하겠다고 했다.
 "자, 보라구. 그대로 있지? 나는 그 돈으로 술은 먹었어도 몸가짐은 바로 하는 사람이야!"
 남편은 자신 있게 말하며 물건을 내밀었다.
 아내는 손가락으로 겉에 묻은 가루를 찍어 맛을 보더니 고개를 젓고 고래고래 소리를 지르며 화를 냈다.
 "이 능청스런 거짓말쟁이 같으니라구. 가루가 다르단 말이야. 나는 밀가루에 소금을 섞었는데 이건 아무 맛도 없는 그냥 밀가루잖아?"

⟨8-04⟩

시동생의 선물

　남편과 사별하고 혼자 사는 형수가 있었다. 시동생이 그 형수를 볼 때마다 혼자 된 형수가 밤이면 얼마나 외로울까 싶어 기발한 선물 한 가지를 형수에게 보내기로 마음먹었다. 그건 다름 아닌 전기로 쓰는 남성 모조 성기로 '성인 용품' 가게에 가면 얼마든지 구입할 수 있었다.
　"형수님, 이건 형수님 혼자 쓰실 수 있는 있는 건데요, 하루 한 번 정도만 사용하세요. 너무 자주 쓰시면 고장이 날지도 모릅니다."
　형수가 이것을 사용해 보니 아닌 게 아니라 기가 막히게 좋았다. 그러나 그 형수는 하루 한 번 정도만 사용하라는 시동생의 당부는 잊어버리고 그걸 수시로 사용했다가 그만 고장이 나고 말았다. 고치기는 해야 할 터인데 시동생에게 말도 못하고 끙끙 혼자 속을 끓이고 있는데 어느 날 시동생이 전화를 걸었다. 이런저런 안부 끝에 시동생이,
　"참, 형수님 새로 만난 우리 형님은 잘 계십니까?"
　하고 묻자, 이 형수 때는 이 때다 싶어
　"도련님, 그런데 그 형님이 또 죽었어요."

〈8-05〉

어떤 복수

    남편은 임종하면서 자기 아내를 불러 심각하게 말했다.
    "여보, 내가 죽은 뒤 한 달 후엔 당신이 꼭 드론(Drone)씨와 결혼해 주기를 원합니다."
    그 말을 듣고 난 그의 아내가 새파랗게 질려서
    "드론 씨라뇨? 그 남자는 모든 일에서 당신이 가장 싫어하는 당신의 적이잖아요?"
    그러자 그 남편 태연히 하는 말
    "내가 평생 고통 받아 왔으니 이제 그를 고통 받게 해야지요."

〈8-06〉

노처녀의 절규

    아직 시집을 못 간 노처녀가 있었다. 그녀가 밤늦게 집에 돌아가면서 혼자 이상한 환상에 빠졌다.
    '이런 밤엔 어떤 남자가 나타나 내 팔 한 번 안 잡아 주나?'
    그런 생각에 잠겨 동네 골목을 걷고 있는데 웬걸, 갑자기 어떤 괴한이 앞에 나타나더니 그녀를 꼼짝 못하게 붙잡았다.

"이거 놔 주세요."
그래도 괴한은
"절대 못 놔준다."
그러자 그녀는
"그럼 소리를 지를 거예요."
"마음대로 해봐!"
그 소리를 듣고 노처녀 크게 외치는 말
"동네 사람들 들으세요, 나 이제 시집가요!"

⟨8-07⟩

부활을 믿나?

어느 날 회사에 전화가 걸려 오자 과장이 받았다. 과장은 전화기를 든 채 말단 사원 최 씨에게
"최 선생, 귀하는 부활이라는 것을 믿나?"
그러자 최 씨는
"예수가 부활 했다고는 하지만 저는 누구의 부활도 안 믿습니다."
"아, 그래? 저 번 주 화요일에 최 선생 장모님이 돌아가셨다고 결근을 했지? 그런데 장모께서 지금 부활을 하셨네, 이 전화 최 선생 찾는 장모님 전화요, 받아보슈."

〈8-08〉

수녀 면접

　어느 수녀원에서 수녀 지망생 세 여자를 대상으로 수녀원장이 면접을 하게 되었다. 수녀원장은 이 세 여자가 얼마나 세속에 물들어 있는 가를 가늠해 보고자 좀 이색적으로 남성의 남근을 한 장씩 그려 보라고 했다.
　첫 번째 여자는 그 방면에 웬만큼 알고는 있었지만 그림 솜씨가 없어 가지를 그려 냈다.
　두 번째 여자는 눈에 삼삼하기는 했지만 막상 그리기 어려워 길쭉한 무를 그렸다.
　세 번째 여자는 그 방면에 너무 무지한 순진한 처녀라 정말 막막하기 이를 데 없었다. 어절 수 없이 시간을 좀 달라고 한 뒤, 수녀원에서 막일을 하는 김 씨 아저씨에게 사정하여 그와 남자 화장실까지 함께 가서 그 물건을 직접 보아가며 열심히 그려서 냈다.
　첫 번째와 두 번째 여자는 수녀원장의 면접을 아주 쉽게 통과했다. 그러나 세 번째 여자의 그림을 보는 순간 원장은 크게 놀라며 외쳤다.
　"아니, 이건 김 씨 물건이잖아?"

⟨8-09⟩

사망 신고

어느 젊은 남자가 공무원 시험에 합격하고 동사무소에 처음 출근을 했다. 모두 점심 식사를 나가고 그 남자만 혼자 자리를 지키고 앉아 있었는데 한 아주머니가 들어와 물었다.
"저기, 사망신고 좀 하려고 왔는데요."
그 말을 들은 젊은 직원은 처음 대하는 민원이라 너무 긴장한 나머지
"네, 본인이세요?"
하고 물었다.
그러자 사망신고를 하러 온 아주머니가 조금 당황한 듯이 물었다.
"본인이 직접 와야 하나요?"

⟨8-10⟩

항해 일기

영국의 호화여객선으로 대서양을 건넌 한 여배우의 일기에 이렇게 적혀 있었다.
화요일; 아무 일도 없었다.

수요일; 선장과 만났다. 스마트한 미남자이다.

목요일; 선장이 자꾸만 내 마음을 사로잡았다.

금요일; 선장과 오랫동안 갑판을 산책했다.

토요일; 선장은 내가 자기의 요구에 따르지 않는다면 배를 침몰시키겠다고 말했다.

일요일; 뜨거운 밤을 보낸 뒤 안식을 취했다.

월요일; 나는 8백 명의 생명을 구했다.

⟨8-11⟩

턱수염이 그거죠

어떤 사내가 친구의 집을 찾아갔으나 주인이 출타하고 없자 그 아들에게

"너희 엄친은 어디 가셨느냐?"

하고 묻자 그 아이는,

"간 곳에 갔지 아닐 가요."

하고 대답하자 아이의 못 되었음을 알고

"네 나이가 몇인고?"

하고 묻자 이 번에는

"건너 동네 석례와 동갑이에요."

하고 대답하자 다시

"석례는 몇 살인고?"

하고 물으니 아이는 귀찮다는 듯이

"저와 동갑이지 뭐에요."

하고 불손하게 대꾸하는 게 아닌가. 그는 어이가 없어

"너 어린 아이가 이렇게도 어른 앞에 교사스럽단 말이냐, 내 네 불알을 까겠다."

하고 겁을 주었더니 아이는 주저 없이 되묻기를

"아니, 다 큰 아이 불알도 까먹을 수가 있어요?"

"그래 안 될 게 없다."

"맞아, 많이도 까 먹었나봐, 턱 밑에 저렇게 음모(陰毛)가 더덕더덕 나 있는 걸 보면."

하고는 깔깔대며 도망치는 것이었다.

〈8-12〉

색과 식

진사 댁의 젊은 서방님이 미모가 빼어난 그 집 여비를 남편 몰래 통정하다가 결국 여비의 남편에게 꼬리를 잡히고 말았다. 그러나 신분이 신분인지라 노비의 남편은 말 한마디 못하고 속만 태우고 있었다. 그러나 참는 것도 한도가 있다 싶어 서방님을 찾아가 우회적으로 말을 꺼냈다.

"서방님, 서방님은 사람의 욕심 중에서 색(色)과 식(食) 중 어느 것을 중히 생각하십니까?"

"어허 그야 식이 더 중하지."

"아닙니다. 서방님은 색이 더 중한 모양입니다."

"그건 또 무슨 말이냐?"

"서방님은 식이 중하다고 하셨는데, 그렇다면 남이 먹던 찌꺼기를 잡술 리야 없지 않습니까? 이를 테면 소인이 먹던 찌꺼기를 말입니다요."

"아아니. 그걸 말이라고 하느냐?"

"그런데 왜 서방님은 식보다 중하지 않다는 색에서는 소인이 먹던 찌꺼기를 자꾸만 드시는 겁니까?"

도령은 이 말을 듣자 고개를 들지 못했고, 이후엔 여비도 탐내지 않았다.

〈8-13〉

학교 가기 싫어

초등학생 아들이 아빠에게 말했다.

"아빠, 나 오늘 학교 가기 싫어."

깜짝 놀란 아빠는 아들에게 물었다.

"왜?"

"지난주에 학교 농장에서 닭 한 마리가 죽었는데 다음 날 점심에 닭 수프가 나왔어. 또 3일 전에 돼지 한 마리가 죽었는데 그저께는 돼지불고기가 점심으로 나왔단 말이야."

"그런데 왜 오늘은 학교에 가기 싫어?"

아들은 울먹이면서 대답했다.

"어제 영어선생님이 돌아가셨단 말이야!"

〈8-14〉

기회는 또 있다

한 사나이가 어느 부잣집 아들을 찾아와서 단 둘이 면회 할 것을 원했다.

영문을 모르는 그 집 아들이 그 사나이를 찻집에 모시고 갔다.

앉자마자 그 사나이는

"그대는 내 열 일곱 살 난 딸아이에게 손을 대어 그 아이가 임신을 하였으니 그 책임을 지시오!"

그 말을 듣고 난 부잣집 아들은 처녀의 성과 이름, 거주지를 묻고 나서

"좋습니다. 출산비용 일체를 부담 하고 아이를 낳으면 매월 5천 달러의 양육비를 드리지요. 그러면 되겠습니까?"

그러자 그 아버지라는 사람,

"네, 좋아요. 만일 혹시라도 딸아이가 유산을 하면 다시 한 번 기회를 주겠소."

〈8-15〉

누드 그리기

초등학교 4학년 누이와 2학년 남동생이 함께 텔레비전 보고 있었다. 그런데 화면에서 화가가 누드모델을 그리는 장면이 방영 되고 있었다.

쑥스럽고 멋쩍은 모습으로 누나가 말했다.

"도대체 왜 화가들은 여자를 벗겨 놓고 그림을 그리는 걸까?"

그러자 남동생이 태연하게 대꾸했다.

"아니, 누나는 그것도 몰라? 화가들이 옷을 입은 모습을 그리는 게 더 어려우니까 그렇지 뭘."

〈8-16〉

고추 이야기

같은 아파트에 같은 옥상을 쓰는 여러 세대 중에 유달리 품행이 그렇고 그런 갑돌 씨와 을순 씨, 두 남녀가 살았다. 어느 따뜻한 봄날, 갑돌 씨가 무료하여 돗자리를 들고 아파트 옥상으로 책을 보러 갔다가 책을 보면서 자기의 거시기가 긴 겨울 동안 햇빛을 한 번도 보지 못했다는 생각이 들어 아예 바지 단추를 풀고 그것을 턱 내놓고 바람을 쏘이고 있다 그만 잠이 들었다.

이때 마침 아래층에 사는 을순 씨가 이불을 널려고 옥상에 올라왔다가 갑돌 씨의 그 광경을 보고 깜짝 놀라 비명을 질렀다.

"아니, 지금 뭐 하는 거예요? 갑돌 씨."

자다가 화들짝 놀란 갑돌 씨는 당황 하다 못해

"시방 고추 말리는 중인 데유⋯."

했다. 그 말을 들은 을순 씨 어이없다는 듯 피식 웃더니 무슨 생각을 했는지 치마를 걷어 올리고 팬티를 내리더니 남자 옆에 나란히 눕는 게 아닌가.

"아니, 남녀가 유별한데 청천대낮에 지금 뭐 하는 짓이래유?"

"떡 본 김에 제사 지낸다구, 나도 이 참에 고추푸대 말릴려구유."

그 날 오후 두 사람은 공교롭게 엘리베이터 안에서 다시 만났다. 갑돌 씨는 오전의 일로 민망하여 고개를 떨군 채 아무 말도 못하고 있는데 을순 씨가 남자의 옆구리를 쿡 쿡 찌르며 하는 말

"갑돌 씨, 고추 다 말렸으면 인저 푸대에 담아 봐유."

〈8-17〉

끼 많은 여자

평소에 좀 바람끼가 있는 중년 부인 하나가 몸이 안 좋아 병원에 왔다.
진찰에 앞서 의사도 다소 장난끼가 있는지라 진찰실 문을 닫고
"옷 벗고 누워 보시죠."
했다. 그랬더니 이 아줌마 하는 말
"쑥스럽게 어떻게?"
"아니, 옷 벗고 눕는 게 첨이세요?"
의사가 농반 진 반으로 이렇게 말하자 이 끼 많은 여자 하는 말
"하긴 여러 남자와 해 봤지만 의사하고는 이번이 처음이라."

〈8-18〉

세 아줌마

어느 마을에 한 남자가 술에 취해 걷다가 길바닥에 쓰러져 그대로 잠들어 있었다.
그 길을 가던 세 명의 아줌마들이 그 남자를 보고 누구네 남편인지 궁금해서 발길을 멈췄으나 얼굴에 흙탕물까지 범벅이 되어 알 수

가 없었다.

혹시나 내 신랑이 아닌가 싶어 첫 번째 아줌마가 그 남자의 바지 지퍼를 내리고 빼꼼이 쳐진 거시기를 보고 나서 말했다.

"어, 우리 집 신랑은 아니네."

옆에 있던 아줌마 또한 거시기를 들여다보며 하는 말

"마, 맞아 니 신랑은 아니네."

세 번째 아줌마 역시 거시기를 빤히 내려다보더니

"우리 동네 남자는 아닌데 그려."

⟨8-19⟩

노인들의 항변

나이 지긋한 할머니와 할아버지가 어두컴컴한 공원 한 구석 의자에서 아주 찐하게 끌어안고, 비비고, 문대고, 빨고… 그랬다. 그때 젊은 남녀가 지나가면서 그 광경을 목격했다. 그리고 노인들 들으라고 한마디 했다.

"아이구, 나이 잔뜩 든 분들이 망측하기도 하지. 원 남사스러워서…."

그러자 그 소리를 들은 할아버지가 한마디 했다.

"이놈들아! 늙은 말이 콩을 더 좋아하는 것 모르더냐?"

바로 옆에 있던 할머니도 한 마디 했다.

"야, 이놈들아! 찌그러진 냄비라고 고구마 못 삶는다던?"

⟨8-20⟩

비디오 잘 봐라!

어느 여자고등학교 체육관에서 체육시간에 스포츠 비디오를 보여주려던 체육 선생님이 실수로 그만 포르노 비디오를 틀어 주었다. 학생들 사이에서 함성이 터져 나왔지만 그 선생님은 뒤는 보지도 않고, 학생들이 비디오 자체가 멋있고 새로워서 그렇게 신나 하는 줄 알고 시끄럽다는 듯 이렇게 소리를 질렀다.

"야, 너희들 조용히 하고 잘 봐! 이따 여기에 나오는 동작 시켜봐서 그대로 못 따라하면 혼날 줄 알아!"

⟨8-21⟩

점을 쳐 봤더니

어느 미신에 강한 젊은 여인이 아주 용하다는 점쟁이를 찾아갔다. 이번에야 말로 장래의 운명을 정확히 알 수 있다고 생각하자 가슴이 뛰었다.

여자 점쟁이는 그녀의 손과 얼굴을 살피고 생년월일도 묻고 나서 아주 자신 있게 말했다.

"당신은 머지않은 장래에 일생을 같이 할 돈 많고 잘 생긴 남자를 만나게 됩니다."

그러자 그 여인은 괴상한 소리를 내며 물었다.

"근사해요, 허지만 지금의 남편은 어떻게 하죠?"

〈8-22〉

상처가 나자

어떤 여인이 그곳에 음모(陰毛)가 너무 무성하여 남편이 늘 부담스러워 했다.

남편이 그 일을 치르려 할 때마다 그것을 손가락으로 갈라 헤치고 나서야 남근을 삽입할 수 있으니 여간만 귀찮은 게 아니었다.

어느 날, 그 밤에도 아내의 무성한 숲을 헤치고 그 일을 해보려고 너무 서둘다 그만 남편의 긴 손톱에 긁혀 상처가 나고 말았다.

그의 아내는 아픔을 이기지 못하고 비명을 지르더니

"이 바보스런 양반아, 손톱 좀 자주 깎아, 앞집 김 서방은 털을 가르지 않고도 잘만 하던데…."

⟨8-23⟩

나그네의 착각

　노부부가 사는 오두막집에 한 나그네가 찾아와 다소의 숙박비는 낼 터이니 하룻밤 유숙하기를 청했다.
　마음씨 착한 그 부부는 나그네에게 저녁을 대접하고 윗방에서 쉬도록 했다.
　나그네가 막 잠이 들려 하는데 안방에서 노부부의 소곤거리는 이야기 소리가 들려왔다.
　"여보, 할멈, 우리 어젯밤에 하다 만 것을 다시 한 번 해 봅시다."
　"그래요, 시작해 봅시다요."
　"자아, 어서 대보시오."
　"앗차, 또 빠졌소."
　"좀 잘 맞게 대야지."
　"웬일인지 이게 꽤 넓어졌소. 한 번 임자 손으로 쥐고 넣어 봐요. 허허, 이거 빠졌어요, 또 빠졌어."
　그 때야 나그네가 더는 참을 수가 없어 벌떡 일어나 사잇문 틈새로 안방을 들여다 봤다. 그랬더니 웬걸, 두 노인은 나무를 깎아 소반을 만들며 차분히 하는 소리였다.

⟨8-24⟩

당찬 며느리

  옛날, 한 신부가 신행을 하여 처음으로 시부모를 뵙게 됐는데 집안 대소가 식구가 모두 모였다.
  곱게 화장을 하고 성장한 신부가 대청으로 나오자 그 아리따움에 보는 이마다 칭찬 하지 않는 이가 없었다.
  그러데 신부가 시부모 앞에 나아가 막 술잔을 받들어 올리려는데 얄궂게도 방귀가 "뽕" 하고 터져 나왔다.
  자리가 자리인지라 일가친척들이 모두 웃음을 참고 서로의 얼굴만 살피는데 신부를 부축하던 유모가 벌떡 일어났다.
  유모는 신부의 부끄러움을 덮어주기 위해 자기가 허물을 뒤집어 쓰기로 작정하고 아뢰었다.
  "소인이 워낙 노쇠하여 엉덩이가 연해져서 방귀를 참지 못 하와 황공하기 그지없사옵니다."
  그러자 유모의 대신 사죄를 가상히 여긴 시부모는 유모에게 비단 한 필을 상으로 내주었다. 그러나 지금까지 잠자코 시치미를 떼고 있던 신부가 유모가 받은 비단을 빼앗으며 말했다.
  "방귀는 내가 뀌었는데 상은 왜 자네가 받는단 말인가?"

⟨8-25⟩

존댓말 싫어!

외출을 해서 어느 친구에게 '아내에게 존댓말을 쓰는 게 부부생활의 도리일세.' 이런 충고를 들은 한 남자가 그날 집에 돌아와서 말했다.
"마누라님, 오늘부터 우리의 행복한 결혼생활을 위해 내가 당신에게 존댓말을 쓸 테니 그리 아시오."
했다. 그러자 그의 아내는 너무 뜻밖이라
"음, 당신 이제 철들었군요."
하고 반가워했다. 그러자 남편의 말이 시작됐다.
"여보, 부인, 저기 있는 재떨이 좀 가져다주시겠소?"
"또 심부름? 여기 있어요."
"고맙소 부인, 그런데 담배가 마침 떨어졌네요. 부인 미안하지만 담뱃가게에 가서 담배 한 갑만 사다 주시구려."
그러자 그 부인이 인상 쓰며 하는 말
"야, 듣기 싫어! 반말해도 좋으니까 제발 심부름 좀 시키지 마!"

⟨8-26⟩

관절염과 교황

술에 고주망태가 된 어느 남자가 버스에 탔는데 하필 신부의 옆자리에 앉았다. 그는 술에 취한 주제에 어디서 났는지 신문을 들고 읽고 있었다.

얼마 후 그 남자는 옆자리의 신부에게
"신부님, 관절염은 왜 걸리는가요?"
하고 물었다. 신부는 별로 대꾸하고 싶은 기분도 아니지만 성직자 체면에 대답을 안 할 수도 없고 해서
"술을 많이 마신다거나 지저분한 여자와 어울려 못된 짓을 많이 하는 등, 문란하고 절제 없는 생활을 하면 생기는 병이지요."
라고 대답하자 그 말을 듣고 난 주정뱅이 남자는 혼자 말로
"이거 큰 일 났군."
하고 중얼거렸다.
신부는 미안한 생각이 들어 친절하게 물었다.
"관절염에 걸린 지 얼마나 됐나요?"
그러자 주정뱅이가 미소를 짓더니 말했다.
"아니, 내가 걸린 게 아니고 교황이 관절염에 걸렸다고 여기 신문에 났군요."

⟨8-27⟩

여비서와 사장부인

어느 회사의 여비서가 사장 집에 심부름을 와서 초인종을 누르자 사장 부인이 문을 따주며 여비서를 위아래로 훑었다.
"사모님 안녕하세요?"
여비서가 깍듯이 인사를 하자
"아가씨는 누구죠?"
"전 사장님 비서입니다."
"그래요? 우리 집에 찾아오는 아가씨는 모두 자기를 여비서라고 하던데…."
그러자 비서도 이에 질세라 사장 부인에게 말했다.
"그래요? 회사로 사장님을 찾아오는 여자 분은 한결같이 자기를 사장님 부인이라고 하던데요."

⟨8-28⟩

편지지

어느 부잣집 아들이 친구들이 모인 자리에서 여자를 잘 사귀는 방법에 대해서 이야기를 해주기로 했다.

"넌 참 대단해, 아무리 있는 집 아들이라도 그렇지 어떻게 그렇게 쭈쭈 빵빵한 여자들을 잘 꼬실 수 있니?"

"방법은 간단해, 난 주로 편지를 써서 만나."

"응? 편지라고? 무슨 편지를 어떻게 쓰는데?"

"별거 아냐, 그냥 시간 장소만 제시하고 한 번 만나보자고 하면 돼."

"그러면 여자가 감동을 하고 꼭 나온다구?"

"도대체 뭐라고 쓰는데?"

"하긴 쓰는 편지지가 좀 특이하긴 해."

"어떻게?"

"꼭 100만 원짜리 수표 뒤에다 연필로 시간 장소만 쓰거든."

〈8-29〉

금상첨화

평소에 왕비 병이 심각한 아내가 어느 날 좀 무뚝뚝한 남편에게 모처럼 신경을 써서 밥상을 차려주고 나서 '금상첨화'란 사자성어를 염두에 두고 물었다.

"여보 얼굴도 예쁜데 이렇게 요리도 잘 하는 거, 사자성어로 말하면 뭐지?"

"자화자찬!"

"그거 말고 다른 거?"

"과대망상"

"그거 말고 왜 있잖아, '금'으로 시작하는 넉자?"

"음, 금시초문?"

⟨8-30⟩

어느 후회

식인종이 며칠 굶고 나니 배가 고파서 견딜 수가 없었다. 그때 마침 아주 젊고 예쁜 아가씨가 식인종 앞을 지나가는 게 아닌가.

식인종은 무조건 그 아가씨를 붙잡아 죽여가지고 배를 채웠다. 그러나 배가 부르고 나니 후회가 막심했다.

혼자 중얼거리는 말

"아휴, 참 잘못했네, 먹고 나서 먹을 걸."

⟨8-31⟩

문신 보기

　어느 회사원의 아내가 자기 남편에게 새로 들어온 가정부의 허벅지에 희한하게도 하트(♡) 무늬의 문신이 있다고 말했다.
　"그래? 그거 한 번 보고 싶은데."
　"그래요, 그럼 내일 당신 퇴근 직후인 6시 정각에 우리 거실에서 가정부에게 옷을 벗어보라고 할 테니까 당신은 건너편 빌딩 옥상에서 망원경으로 보세요."
　다음날, 남편과 약속한 대로 일은 잘 진행 되고 있었다. 그런데 옷을 벗어야 하는 가정부가 느닷없이 한 가지 조건을 제시 했다. 그것은 부인도 옷을 벗으면 함께 벗겠다는 것이었다. 부인은 다소 난감했지만 자기 몸이야 남편이 늘 보는 몸인데 어떠랴 싶어 함께 옷을 벗었다.
　그날 저녁 때 집에 돌아온 남편에게 아내가 물었다.
　"어때요, 하트 모양의 문신 잘 보이죠?"
　그런데 남편의 표정이 벌레를 씹은 표정이었다.
　"보긴 봤는데 우리 회사 친구 5명이 함께 봤거든."

제9장 위는 당신 닮았어요

할머니와 내기 / 여사원이 더 좋아 / 말꼬리만 하다면
차라리 한 번 해주래 / 우리집은 끝났는데
부인이라면서요? / 고해성사 뒤 / 과부와 의원
엘리베이터 안에서? / 당첨 이후 / 아내의 사전 조처
처음 문상 / 그건 문상객용인데 / 집에 있는 남자보다도
언제 까지나 / 새 처녀 만들기 / 애비 닮았나?
무슨 수로 소리를 질러요? / 당신은 말이나 하지
위는 당신 닮았어요 / 남자의 뽄대 / 아들의 폭로
식사 주문 법 / 너무 힘들어 / 진퇴양난 / 무심코 한 말
아내의 답변 / 두 학생의 커닝 / 두 도둑
육침도 있죠 / 아들의 대답

〈9-01〉

할머니와 내기

어느 은행 지점장실에 한 할머니가 나타나 이상한 제안을 했다.
"지점장님, 저에게 적덕하시는 셈 치고 제 말 한 가지만 들어주시죠?"
"할머니 뭔데요? 제가 들어봐서 들어줄 만한 일이면 들어 드리죠."
그러자 할머니 신명이 나서 말했다.
"제가 한 사흘 후에 사전에 전화하고 지점장님 방에 와서 미친 척 하고 '지점장님 한 번 벗어 보시죠?'하고 청하거든 은근히 화를 내는 척 하면서 바지와 팬티를 내려 확인만 시켜주시면 돼요. 그때 지점장님 불알이 둘이면 제가 그 자리에서 백만 원을 현찰로 드리겠습니다."
그 말을 듣고 난 지점장, 한편으로는 괘씸했지만 한편으로는 아주 재미있는 있는 할머니구나 싶어
"제 방에서 팬티를 벗는 다는 것은 좀 그렇지만 저는 엄연히 그것도 두 개 있고 또 돈도 백만 원이나 주신다니 좋습니다, 사흘 후에 전화 하시죠."
했다. 그 말을 듣고 할머니는 회심의 미소를 띠우며 지점장실에서 나와 자기 동네 복덕방에서 사전에 내기 상대로 정해 둔 두 남자를 만났다.
"내기하자고요, 내가 벗어보시죠 라고 한마디만 하면 지점장은

자기 물건을 당신들 앞에 보여 줄 것입니다. 만일 지점장이 안 벗으면 내가 이 백만 원을 당신들에게 주고, 지점장이 벗으면 당신들 한 사람이 백만 원씩 그 자리에서 내게 주는 것으로 이 자리에서 각서를 쓰고 그날 같이 갑시다.”

"좋아요. 설마 할머니가 '벗어보시죠' 한마디 했다고 지점장이 훌렁 벗고 자기 물건을 보여 줄 리는 없지.”

드디어 사흘 후 11시쯤에 지점장에게 전화가 왔고, 이내 할머니와 두 남자가 나타났다. 할머니는 간단히 인사를 하고 나서 본 게임으로 들어갔다.

"지점장님, 한 번 벗어보시죠. 그게 두 쪽 다 있으시면 제가 사죄하는 뜻으로 백만 원을 드리지요.”

"할머니 그게 무슨 해괴한 말입니까? 자, 저 두 분과 함께 잘 보세요!”

그러면서 지점장은 바지와 팬티를 내리고 자기 물건은 물론 불알 두 쪽까지 손바닥에 올려 확실히 보여주었다. 그걸 본 그 두 남자들은 이구동성으로

"우리가 졌다!”

하고는 둘 다 현찰 백만 원씩을 내 놓고 나갔다.

"할머니 참 묘한 분입니다.”

지점장이 돈 백만 원을 받으며 감탄하고 웃자

"이 내기해서 가끔 용돈 좀 벌어 쓰지만 뭐 자주는 못해요.”

하고는 백만 원을 백에 넣고 천천히 나갔다.

⟨9-02⟩

여사원이 더 좋아

어떤 세일즈맨이 회사 사장에게 컴퓨터를 한대 팔려고 무진 애를 쓰고 있었다.
"사장님, 이 컴퓨터를 사들여 놓으시면 여자사원 5명이 하는 일을 혼자서 모두 처리할 수 있다니까요."
그러자 사장이 말하기를
"여보슈, 난 차라리 컴퓨터보다 여자 다섯이 더 좋아요!"

⟨9-03⟩

말꼬리만 하다면

전라도 어느 고을에 한 선비가 살고 있었는데, 그에게 아주 영악한 다섯 살짜리 딸이 하나 있었다.
보름달이 휘영청 밝은 어느 날 밤, 딸아이가 잠 들었다고 생각하고 선비 부부는 운우의 정을 나누고 있었다. 이윽고 합환(合歡)의 경지가 극치에 이르자, 두 사람 입에서 감창(甘唱)이 새 나오기 시작했다.
그런데 갑자기, 자는 것으로 알았던 딸아이가 자리에서 벌떡 일어나며 말했다.

"엄마 아빠, 지금 뭐 하는 거야?"

"아무 일도 아니다. 어서 자거라."

이렇게 말하고 선비는 돌아누우며 잠자리를 옮기려고 했다. 그런데 마침 옷을 벗은 처지라 환한 달빛에 비친 그의 양물을 아이가 보고 말았다.

날이 밝자 딸아이가 엄마에게 물었다.

"엄마, 아빠 두 다리 사이에 매달려 있는 게 뭐야?"

그러자 엄마는 엉겁결에

"아, 그거… 아버지의 꼬리란다."

"아, 그것이 아빠의 꼬리구나."

그런 일이 있고 며칠이 지나 딸이 동네 마구간 앞을 지나가는데, 말이 커다란 제 양물을 드러내 놓고 들어 올렸다 내렸다 하고 있었다. 이를 유심히 본 딸 애가 다급한 소리로 엄마에게 물었다.

"엄마, 아빠의 꼬리가 왜 말의 다리 사이에 달려 있어?"

"응, 그건 말의 꼬리지 네 아빠의 꼬리가 아니란다."

"말의 꼬리라고?"

그러자 엄마가 길게 한숨을 내쉬며 말했다.

"그래, 그건 말의 꼬리란다. 네 아빠의 꼬리가 저 말의 꼬리처럼 크고 길다면 내 무슨 한이 있겠느냐?"

〈9-04〉

차라리 한 번 해주래

처녀와 총각이 만난 지 한 달이 넘었다. 어느 날 밤, 처녀의 집 현관 문 앞까지 함께 당도한 총각은 작심하고 오늘에야말로 처녀에게 키스를 한 번 해 보겠다고 수작을 걸었다.
"오늘만큼은 키스해 주기 전에는 집에 못 들어가!"
"안 돼, 집에 아빠랑 엄마랑 다 계신단 말야."
"그래도 한 번만 하자!"
"아이, 글쎄 안 된단 말야!"
처녀 총각은 이렇게 한 시간이 가깝게 실랑이를 벌이고 있었다. 그때 갑자기 현관문이 덜컹 열리면서 처녀의 동생이 나오면서 말했다.
"언니, 아빠가 그냥 한 번 해주고 빨리 보내래! 그리고 아저씨, 우리 집 인터폰에서 손 좀 떼 주실래요. 소리가 다 들려요."

⟨9-05⟩

우리 집은 끝났는데

　세 살짜리 아들과 일곱 살짜리 아들, 이렇게 형제를 둔 부부가 있었다. 마침 일요일이라 애들 아빠가 집에서 쉬다 보니 아내와 그 일을 한판 치르고 싶은데 단칸방에 사는 처지라 아이들이 문제였다. 그런대로 세 살짜리는 잠을 자고 있는 것 같은데 일곱 살짜리 형은 만화책을 보고 있었다. 남편이 자꾸 신호를 보내자 그의 아내가 시댁에서 가져온 떡을 접시에 담아 놓고 큰 아들에게 말했다.
　"얘, 이 떡 좀 이모네 집에 가져다주고 영이 누나와 한참 놀다 오거라."
　엄마가 심부름을 시키자 큰아들은 마지못해 떡 접시를 들고 나갔다. 드디어 그들 부부는 작은 아들은 있거나 말거나 이불속에 들어가 신나게 그 일을 한판 치뤘다.
　그런데 일이 막 끝나자 심부름 갔던 큰아들이 떡 접시를 든 채 그냥 돌아왔다.
　"얘, 너 왜 떡은 주지도 않고 벌써 왔니?"
　엄마가 그렇게 물었다. 그러자 큰아들, 떡 접시를 식탁에 탁 내려놓으며
　"그 집은 내가 가보니 한참 하고 있잖아."
　그 말이 떨어지자 자는 줄만 알았던 작은아들이 하는 말
　"형, 우리 집은 지금 막 끝났는데…."

〈9-06〉

부인이라면서요?

어느 중년 남자가 사업관계로 관광 명소를 낀 항구도시에 출장을 나왔다가 일을 다 마치지 못해 하룻밤 자고 갈 형편이 되었다. 그는 다소 바람기에 낭비벽도 있는 터라 꽤 고급 호텔에 찾아가 그 호텔 프런트의 안내 데스크에서 싱글 룸 하나를 당부하고 있었다.

그런데 그때 마침 어느 젊고 예쁜 여인 하나가 호텔 커피숍에서 그 중년 신사를 보고 생긋 웃음을 보내고 있었다. 남자는 예약을 하다 말고 그 여자에게 미리 약속이라도 한 듯 자신도 모르게 커피숍으로 들어가서 그 여자의 맞은편에 자연스레 앉으며 말을 걸었다.

"혹시, 싱글이신가요?"

"네, 이 도시에 관광 명소가 많아 혼자 여행을 왔다가 저도 유숙할 셈인데요."

"아, 그럼 저도 오늘 밤은 싱글이니 그대와 함께 지내실 수 있겠습니까?"

"좋죠, 호호."

그 남자는 이내 데스크에 다시 가서 마침 자신의 아내를 만났다고 거짓말을 하고 싱글 룸을 취소하고 따블 룸으로 예약을 했다. 그리고 두 남녀는 그날 밤 정말 신나게 격렬한 섹스를 즐겼다. 그런데 아침에 남자가 눈을 떠보니 함께 자던 그 여자가 없어졌다. 그 남자는 예감이 이상해서 데스크에 물었더니 부인께서는 새벽에 먼저 떠났다고 했다. 뭐 부인? 남자는 대뜸 내려와서 호텔비가 얼마인가를 물었다.

"부인께서는 이 호텔에 3주간 숙박 하셨습니다. 사장님 숙박비와 합쳐서 754만원입니다."

남자가 어이가 없어

"아니? 이런 못된 여자가 있나? 나에게 제 호텔 비를 다 씌우다니?"

그러자 호텔 직원이 하는 말

"왜, 부인이시라면서요?"

〈9-07〉

고해성사 뒤

어느 호색가가 성당에서 신부님께 고해성사를 하고 있었다.

"신부님, 저는 옆집 부인과 거의 큰일을 저지를 뻔 했습니다."

"그럼 간음을 하셨나요?"

"아뇨, 그냥 그녀의 몸을 문지르기만 했습니다."

"몸을 문지르는 거나 넣는 거나 다를 게 없습니다. 그 순간 마음을 어떻게 가졌느냐가 매우 중요 합니다. 몸은 마음의 종이니까요. 속죄하는 의미로 성모송을 세 번 외우고, 자선함에 2만 원 이상을 넣고 가세요."

"알겠습니다."

그는 죄를 뉘우치는 모습으로 성모송을 세 번 외운 뒤에 자선함 앞에 다가가서는 그냥 손으로만 상자를 문지르는 것이었다. 이상하게 생각한 신부님이 물었다.

"왜 속죄금은 넣지 않고 손으로만 문지르지요?"

"문지르는 거랑 넣는 거랑 다 똑같다면서요?"

〈9-08〉

과부와 의원

시집 온지 1년도 못 되어 남편을 잃고 난 과부가 십년 가깝게 수절을 하고 살았는데 자꾸만 몸이 쇠약해져 갔다. 그래서 그 과부는 이웃 동네 살고 있는 의원을 찾아갔다. 과부를 진맥하고 난 의원은 나직한 목소리로 말했다.

"당신 병은 내가 당신 집에 가서 조용히 고쳐드려야 할 병이오. 내가 내일 당신 집으로 갈 것입니다."

이튿날 오후에 의원은 과부네 집으로 찾아 갔다. 그러고는 진맥을 이유로 과부의 몸을 구석구석 주무르면서 말했다.

"이거, 증세가 심상치 않은 걸, 아무래도 당신의 아래를 봐야 할 것 같소이다. 그러니 부끄러워 말고 옷을 벗으시오. 부끄럽다고 해서 옷을 벗지 않으면 앞으로 한 달을 더 살기 힘들 것이오."

그래서 과부는 할 수 없이 부끄러움을 참고 옷을 벗었다.

그러자 의원은 무릎을 탁 치며 말했다.

"이제야 알겠소. 그 때문에 병이 났구려. 당신은 거기에 길이 둘이 나 있어요. 한 길은 크고 한 길은 가는 데 가는 길로 온몸의 온기가 새니 우선 큰길을 막아야 하겠소. 내가 막아 주리다."

과부는 아무 말 없이 의원의 말에 따랐고, 의원은 그날부터 거의 날마다 그녀의 큰 길을 막으러 다녔다. 그 결과 과부는 다시 혈색이 좋아지고 마침내 배가 불러오기 시작했다. 이웃 여자들이 까닭을 묻자, 과부는 이렇게 대답했다.

"아랫마을의 의원께서 제 몸에 온기가 새는 길을 막아주셔서 그 때문에 몸의 원기가 한데 모여 이렇게 몸이 나게 됐다구요."

⟨9-09⟩

엘리베이터 안에서?

서울 큰 아들네 집에 사는 할머니는 어느 날 시골에서 농사짓는 작은 아들집에 내려갔다가 떡이니 고구마니 마늘이니 이것저것 많이 싸 들고 다시 서울 아들네 집으로 오는 길이었다. 드디어 기차에서 내리고 천신만고로 버스에서도 내려 큰 아들네가 사는 아파트에 들어가려고 막 엘리베이터에 타기는 했는데 짐 때문에 손이 없었다. 그때 마침 한 영감이 할머니보다 먼저 엘리베이터에 타고 있음을 발견했다.

할머니 숨이 턱에 닿아서 영감에게 당부하는 소리,

"보소, 영감님 내 십(10층을 그리 말함)좀 눌러 주이소."

그 소리를 들은 영감님, 할머니가 자기와 거시기를 한 판 하자는 소리로 착각하고

"할무니요, 아니 예서라우?"

〈9-10〉

당첨 이후

한 가정부인이 100억짜리 복권에 당첨되었다. 그 여자는 집에 있는 남편에게 전화를 걸어 100억짜리 복권에 당첨되었으니 짐을 싸라고 했다. 영문도 모르는 남편은 너무 좋아하며

"여보 우리도 이제 부자 됐구먼, 그런데 여행 갈 짐은 해변용으로 쌀까 등산용으로 쌀까?"

하고 물었다. 그러자 그 부인 앙칼지게 하는 말

"웃기고 있네, 이제 네 짐만 싸가지고 당장 집에서 나가!"

〈9-11〉

아내의 사전 조처

남편이 교통사고로 병원에 입원했다는 전화를 받고 그의 아내는 허겁지겁 병원에 당도해서 담당 의사를 만났다.

"제 남편의 상처가 어느 정도 입니까?"

"네, 다행히 생명에는 큰 지장이 없을 것 같은데 아무래도 일부 마비증세가 있을 것 같아 그게 걱정입니다."

"아니, 마비라니요?"

"네, 전신마비는 아니고 반신마비가 될 것 같습니다."

"반신이라면…, 그럼 어느 쪽일 것 같나요?"

"오른쪽 뇌가 손상이 됐으니 이런 경우 왼쪽에 마비가 올 것 같은데요."

그 말을 듣고 난 그 남자의 부인이 갑자기 남편의 바지를 벗기더니 자기 손으로 남편의 양물을 쥐고 한 쪽으로 밀고 있었다. 그 모습을 본 의사가 물었다.

"지금 부인께선 무얼 하시는 겁니까?" 그러자 그 부인 대답 하는 말,

"왼쪽에 마비가 온다고 하셔서 미리 오른쪽으로 옮겨 놓으려구요."

⟨9-12⟩

처음 문상

난생 처음으로 문상을 간 사람이 있었다. 상주에게 정중히 절을 하고 나자 뭐라고 한마디 위로의 말을 하긴 해야 하겠는데 적절한 말이 갑자기 떠오르지를 않았다.
생각다 못해 엉겹 결에 한다는 소리가
"저, 본인이 직접 돌아가셨나요?"

⟨9-13⟩

그건 문상객용인데

임종이 임박한 사람이 그의 아내에게 전 재산을 물려주겠다고 유언을 했다.
그 말을 듣고 그의 아내가 감격하여
"여보, 당신은 정말 참 좋은 사람이세요."
그러면서 그 여자는 너무 슬픈 듯이 한숨도 쉬었다. 그리고 다시 말했다.
"당신, 그럼 마지막 소원 같은 거 있으시면 말 해보세요. 내가 꼭 들어드릴 게요."

그 말을 듣고 남편이 천천히 말했다.
"글쎄, 냉장고에 있는 쇠고기나 좀 실컷 구워 먹고 싶은데."
그러자 그의 아내가 단호히 하는 말
"아, 그건 안돼요, 당신 장례식이 끝나면 문상객들에게 대접할 거란 말예요."

〈9-14〉

집에 있는 남자보다도

바람기 심한 남자가 운전 중 정지신호에 걸려 서 있는데 옆 차선에 나란히 차를 대고 서 있는 여자 기사가 그럴듯하게 보였다. 남자는 창을 열고 여자에게도 창을 내려 보라는 신호를 보냈다. 그러자 여자가 창을 내렸는데 자세히 보니 여자가 별로라서 남자는
"제가 사람을 잘못 봤네요."
하고는 창을 닫고 다시 차를 몰고 갔다.
그러나 공교롭게도 다음 신호등에서 또 나란히 차를 멈추게 되었다.
이번에는 여자가 남자에게 창을 내려 보라는 신호를 보냈다. 궁금하게 생각한 남자는 창을 내리고 무심히 여자를 쳐다봤다. 그러자 여자가 말했다.
"야, 너 같은 건 우리 집에 있는 남자보다도 훨씬 못하거든."

⟨9-15⟩

언제 까지나

"언제 까지나 언제 까지나 헤어지지 말자고…."
로 시작되는 '해운대 엘레지'라는 유행가를 처음 배운 총각 녀석이 있었다. 그런데 그 노래를 집에 와서 불러보고 싶은데
"언제 까지나 언제 까지나" 까지는 외우겠는데 그 다음의 가사가 떠오르지 않아 계속 제 방에서 큰 소리로 "언제 까지나"
만 반복해 흥얼거리고 있었다.
안방에서 그 소리를 듣고 있던 그의 아버지가 아들 방문을 열더니
"야, 이 자슥아 장가갈 때 되면 알아서 다 까진다. 걱정하지 말아라!"

⟨9-16⟩

새 처녀 만들기

나이 지긋한 노총각과 선을 봐서 한 달 뒤로 결혼 날짜를 받아 놓은 어느 시골 처녀가 있었다. 그러나 결혼을 하기로 약조는 했지만 자신도 꽤 노처녀인데다가 실은 자신이 진짜 처녀가 아니고 보니 은근히 결혼할 일이 겁나기만 하는 입장이었다. 그도 그럴 것이 이 처

녀는, 경찰관이면서 같은 마을의 초등학교 1년 선배인 박 군과 몇 해 전 까지 짙은 사랑을 나누고 두 사람은 이미 선을 넘은 바도 있었는데 그만 그가 도둑을 잡으러 현장에 나갔다가 되려 도둑의 칼에 찔려 순직하고 만 사건이 생겼다. 그러자 그녀는 한 때 실신, 자신의 삶을 포기하고 싶은 어려움까지 겪은 바 있었다. 그러나 세월이 흐르자 부모의 권유로 다시 혼처가 생겨 그런대로 결혼 날을 받아 놓기는 했지만 자신의 처녀성 문제가 영 고민이 아닐 수 없었다.

드디어 결혼 며칠 전, 이 처녀는 식음을 전폐하다시피 하고 몸져 누웠다.

딸이 갑자기 몸살을 앓듯 신음하며 제 방에서 나오지도 않자 그녀의 어머니가 머리맡에 앉아 자초지종을 물었다. 처녀는 고민 끝에 어머니에게 솔직히 실토했다.

"엄마, 나 실은 진짜 처녀가 아니지 뭐유."

"아니, 그게 무슨 소리냐? 혹시 그 경찰 노릇하던 박 군에게?"

"맞아요, 그때 읍내 나갔다가 어느 모텔에서 그만…. 그리고 그 뒤로도 몇 번."

"세상에, 그런 일이 있었구나. 그럴 만도 하지 너희들 둘이 좀 서로 좋아 했니, 허지만 이제 과거지사이니 그까짓 거 아무 걱정 말고 밥 먹고 잠이나 푹 자거라."

그녀의 어머니도 여장부라는 별명이 붙을 만큼 대범한 아낙이었다.

"어머니, 며칠 있으면 시집 갈 년이 몸을 버렸는데, 어떻게 아무 걱정을 안 해요?"

"그 깐 거 에미가 감쪽같이 새 처녀 만들어서 보낼 테니 신경 꺼라!"
"엄마, 어떻게요?"
"네가 좀, 맞을 때 거기가 좀 아파서 그렇지 아주 감쪽같지 뭐."
"맞고 아프다니 어디를 누가 뭘로 때려요?"
"응, 바로 그거야, 시집가기 전 날, 헌 고무신짝으로 거기 서너 대만 맞으면 벌겋게 부을 테고, 그러면 첫날밤 신랑 물건이 들어올 때 자연스럽게 네가 아프다고 소리소리 엄청 지를 테니까 그건 어느 신랑이 봐도 영락없는 새 처녀라구!"

그녀의 어머니는 남의 집 이야기하듯 거침없이 말했다. 아니나 다를까. 며칠 후, 그 처녀는 헌 고무신짝으로 거길 맞고 시집가서 아무 탈 없이 잘 살았다.

〈9-17〉

애비 닮았나?

그의 부인은 남편의 조루증 때문에 늘 기분이 잡쳐 지냈다. 그런데 이제 세 살 난 아들 녀석도 쉬가 마렵다고 하여 제 어머니가 달려들어 바지를 벗기려고 하면 바지를 다 벗기기도 전에 오줌을 싸서 옷을 버리기가 일쑤였다. 그때마다 그 아이 엄마가 하는 말
"제 애비를 닮았나? 바지도 벗기 전에 싸고 지랄이야."

⟨9-18⟩

무슨 수로 소리를 질러요?

혼기에 가까워져서 남자를 보는 눈이 달라진 딸이 이웃 총각에게 당하고 집에 왔다. 이 사실을 알게 된 부모가 우선 전화로 총각에게 욕을 했지만 쉽게 몸을 허락한 자기 딸의 품행도 호되게 꾸짖었다. 그러자 딸이 항변하기를

"생각해보세요, 무지막지한 남자의 힘을 제가 어떻게 당해요?"

그 말을 듣고 그녀의 어머니가 말했다.

"왜, 너는 입도 없니? 큰 소리로 사람을 불렀으면 듣고 달려오는 사람이 있어 무사했을 거 아냐?"

그러자 딸이 하는 말

"엄마, 그건 무리였다구요. 저도 소리를 지르고는 싶었어요. 하지만 그때 제 입속엔 그 녀석의 혀가 들어와 있었는데 무슨 수로 소리를 지르겠어요?"

⟨9-19⟩

당신은 말이나 하지

한 남자가 소변이 너무 급해서 공중변소로 달려갔다. 화장실에는

여러 명이 줄을 서고 있었다. 남자는 할 수없이 맨 끝에 가 섰다. 마침내 자기 앞에 한 사람이 남게 되었을 때, 더 이상은 참을 수가 없어 그는 앞사람에게 말했다.

"저어, 제가 너무 급해서 그럽니다만 차례 좀 바꿀 수 없겠습니까?"

그러자 앞의 남자가 입을 제대로 벌리지도 못하고 자기 물건을 틀어쥐면서

"이 사람아, 당신은 말이라도 제대로 하지."

〈9-20〉

위는 당신 닮았어요

이미 사 오십년 전 일이다. 그때만 해도 여자가 시집을 가서 딸만 낳으면 칠거지악(七去之惡)의 하나라 해서 시집에서 쫓겨나기도 했고, 남편이 첩을 얻어도 말을 못했다.

그때, 딸만 셋을 둔 어느 부인이 또 임신을 해서 해산을 앞두게 되었다. 부인도 남편도 이 번만은 꼭 아들이 태어나기를 간절히 원했다.

드디어 '응애응애'하는 갓 난 아기의 울음소리가 나자 문 밖에서 기다리고 있던 남편이 아들인지 딸인지 궁금증을 참을 수가 없어 물었다.

"여보, 사내아이야?"

부인은 아이를 보니 또 딸이라 대답할 면목이 없어서 말을 못했다. 남편이 다시 물었다.

"여보, 그 애는 날 닮았어, 당신을 닮았어?"

부인이 마지못해 대답했다.

"위는 당신을 닮았는데, 아래는 저를 닮았어요."

〈9-21〉

남자의 뽄대

한 남자가 소변이 너무 급해서 확인도 않고 여자 화장실 문을 확 잡아 제꼈다.

그러자 문도 안 잠그고 일을 보던 여자가 아주 앙칼지게 지독한 욕을 퍼부었다.

그 욕을 듣고 난 남자, 그래도 남자의 뽄대가 있지 여자의 욕만 먹고 그냥 물러날 수는 없다 싶어

"흥, 더러운 곳 위에 퍼질러 앉아 있더니 입도 아주 더러워 졌군."

〈9-22〉

아들의 폭로

아빠가 출근을 하자 네 살짜리 아들이 자기 엄마에게 고자질을 시작했다.
"엄마, 있잖아? 엄마가 나갔을 때 아빠가 식모 누나를 2층으로 데리고 가서…."
거기까지 말하자 엄마가 황급히 만류했다.
"그만, 그 다음 얘기는 저녁 때 아빠가 오시면 계속하자."
그날 저녁이 되었다.
"얘, 아가야 너 아까 아침에 한 그 이야기, 아빠 앞에서 계속해 보거라."
"글쎄, 아빠가 식모 누나를 2층으로 데리고 가더니, 아빠가 낚시 갔을 때 엄마랑 옆집 아저씨랑 했던 것과 똑 같은 짓을 했다구요."

〈9-23〉

식사주문법

한국의 한 사업가가 러시아를 방문했다. 그는 영어는 꽤 되는데 러시아 말은 통 할 줄을 몰랐다. 배가 고파서 식당을 찾아 들어갔는데 말이 안 통하니 주문을 할 수가 없었다. 주위를 살펴보니 옆에 있는 미국인도 사정은 마찬가지 인 모양이었다.

그런데 그 미국인은 주방 앞으로 성큼 다가가더니 자신의 바지 지퍼를 내려 보이는 게 아닌가.

곧 그 미국인 앞으로 소시지 한 개와 계란 두 개가 나왔다.

그 모습을 본 한국인도 주방 앞으로 다가 가서 바지 지퍼를 내린 다음 자리에 앉아 식사가 나오기를 기다렸다.

그랬더니 이게 뭔가? 그 남자 앞으로는 번데기 하나와 메추리 알 두 개가 나왔다.

〈9-24〉

너무 힘들어

모처럼 여고 동창생 서 넷이 모여 앉아 한담을 나누고 있었다.

A가 말했다.

"난 요즘 늦었지만 임신을 하려고 얼마나 애를 쓰는지 아니? 아무래도 인공수정이라도 해야 할까봐."

그러자 B가 말을 이었다

"난 너와 정 반대야. 난 어떻게라도 임신을 하지 않으려고 별별 짓을 다 한다."

그 말을 듣고 C가 대뜸 물었다.

"아니, 넌 네 남편이 일 년 전에 정관 수술을 했다며?"
B가 대답하는 말
"그러니까 너무너무 힘 든다는 거 아니니!!"

⟨9-25⟩

진퇴양난

추운 겨울밤, 어떤 거지가 거리에 쪼그리고 앉아 벌벌 떨고 있었다. 이 거지를 본 어떤 과부가 불쌍히 여겨 그 거지를 집으로 데리고 가서 우선 저녁을 먹였다. 그리고는 목욕을 시키고 먼저 간 남편이 입던 옷을 입혀 놓고 보니 헌칠한 청년이었다.

불을 땐 방이 하나 밖에 없어서 한 방에서 잠을 자다보니 청년이 과부의 배위로 올라타는 것이 아닌가.

과부가 꾸짖기를

"너는 은혜도 모르고 무례한 짓을 하느냐? 날이 새면 관가에 알려 너의 죄를 다스리도록 하겠다."

그렇게 호령은 했으나 이미 때는 늦었음을 두 사람은 알고 있었다. 청년의 양물이 이미 과부의 옥문 안에서 유영하고 있었으니 말이다. 그래도 청년은 물어는 봐야지 싶어

"그러면 그만 하고 이제 일어날까요?"

하고 말하자

"네가 그렇게 하면 정말 관가에 알린다."
하고 말했다. 이에 청년은 속으로는 쾌재를 부르면서도 말로는
"허허, 진퇴양난이란 바로 이런 것이로구나!"
하며 멋지게 일을 끝냈다.

⟨9-26⟩

무심코 한 말

옆집 아들 돌잔치에 초대를 받아간 새댁이 그 집 아들의 고추를 보더니 무심코 한다는 소리가
"고놈 참, 어쩌면 제 애비 고추를 쏙 빼 닮았네."

⟨9-27⟩

아내의 답변

어느 신혼부부가 있었다. 하루는 남편이 회사에서 아주 재미있는 이야기를 들었다.
어느 직원이 '소형차 안에서 카섹스를 한다.'를 6자로 줄이면 어떻게 줄이면 되겠느냐고 직원들에게 묻더니 신통한 대답이 나오지

앉자 '작은 차 큰 기쁨'이라고 스스로 일러주었다.

남편은 집에 오자마자 아내를 불러 놓고 그 문제를 냈다. 물론 답은 꼭 6자로 말하라고. 그녀는 한참 동안 얼굴을 붉히더니 답을 말했다.

"좁은데 욕 봤다."

〈9-28〉

두 학생의 컨닝

어느 고등학교에서 세계사 시험을 보는 시간이었다. 머리가 꼴통인 박 군은 공부 잘하는 한 군의 옆에 앉아 컨닝으로 0점만이라도 면하려고 안간힘을 쓰는 중이었다.

어느 항목에 이르자 정답을 한 군이 '베니스의 상인'이라고 써 놓았는데 그것을 훔쳐 본 박 군의 눈에는 시력이 약해서인지 '페니스의 상인'이라고 보였다. 그래서 그대로 컨닝해서 답안지에 써 놓았다.

그런데 박 군 옆에 앉은 강 군은 늘 박아무개 보다는 자기가 실력이 낮다고 생각하는 처지인데 슬그머니 박 군의 답안지를 훔쳐보니 '페니스의 상인'이라는 게 보였다. 그걸 보고나서 강 군은 곰곰 생각하다가 그대로 옮겨 쓰면 컨닝했다는 의심을 받을까봐 자기 나름대로 궁리한 끝에 답을 쓰기를 '고추 장사' 라고 썼다.

⟨9-29⟩

두 도둑

    두 사내가 함께 옥살이를 하게 되자 서로 위로의 말을 주고받으며 친숙하게 지냈다. 하루는 나이 지긋한 사내가 다소 젊은 사내에게 물었다
    "대장부가 한 번쯤 이런 곳에 들어오는 것이 큰 흉도 아닌데, 그래 당신은 무슨 죄로 이렇게 되었소?"
    그러자 젊은 사내 말하기를
    "난 엎드려 잔 게 그만 죄가 되었소."
    "아니? 엎드려 잔 다고 그게 뭔 죄가 됐단 말이우?"
    "배 밑에 여자가 있었기 때문이요, 그러는 그대는 무슨 까닭이 있었우?"
    "고삐에 달린 새끼줄을 잡은 까닭이오."
    "아니? 새끼줄 잡은 게 무슨 죄가 된단 말이오?"
    "그 끝에 황소가 달린 까닭이오."
    "허허"
    "하하"
    두 사람은 서로 알만하다며 마주보고 웃고 말았다.

⟨9-30⟩

육침도 있죠

어느 한의사가 그날 밤 따라 이상하게 자기 부인과 그 일을 한판 치르고 싶었다. 마침 자기 부인은 몸살기가 있다고 몸을 돌렸지만 그럴수록 남편은 꼭 그 일을 치르고 싶어 안달을 하다가 그대로 시동이 걸려 밀고 나갔다. 남편이 워낙 적극적으로 나가자 부인은 하는 수 없이 몸을 맡겼고 얼마 후엔 부인도 신음소리를 내며 너무 좋아했다. 부부의 합궁이 원만히 끝나자 부인이 오히려 상기된 얼굴로 흐뭇해하며 말했다.

"여보, 당신 덕에 나 몸살 다 나았나 봐요."

그러자 남편이 매우 거드럭거리며 대꾸했다.

"임자, 임자는 한방에 침이 쇠침 하나만 있는 줄 알겠지만 육침이라고도 있어요. 혹시 육침 있단 말 못 들어 봤수?"

⟨9-31⟩

아들의 대답

어느 날 유치원생 아들과 엄마가 지하철을 탔다. 그런데 아들은 지하철 의자 위에 올라서서 쾅쾅 구르고 내려와서는 통로에서 왕복 달리기를 하는가 하면 혼자 시끄럽게 떠들고 아주 야단이었다.

그 아이의 행동 때문에 그 칸에 탄 손님들이 인상을 찌푸리며 그 아이를 쳐다보고 어쩔 줄을 몰라 했다. 주위의 따가운 시선을 느낀 그 아이 엄마가 아들을 붙잡고 사람들이 들을 수 있게 아주 큰 소리로 주의를 주었다.

"너 엄마가 어떤 사람을 제일 싫어한다고 했지?"

그러자 아들이 큰소리로 대답했다.

"아빠!"

제10장 세 명의 변강쇠

불 끄고 하더니 / 친구의 부음 / 노름꾼의 묘비명
편지 쓰는 부인 / 새 출발 / 어떤 차이
그건 빗물이에요 / 물안개 / 범인 찾기
부자의 대화(1) / 부자의 대화(2) / 한 병 더 사거라
선생님도 꽤 아네요 / 여행소감? / 세 명의 변강쇠
의견 청취 중 / 그럴 수도 있겠죠 / 한 여자만 빼고는
덤으로 주더라 / 너야 무슨 죄가 있겠느냐
마님, 같은 일인데요 / 본전 뽑으려고? / 약사님 덕분에
모델답게 / 하루가 어딘데 / 구혼광고 이후
비가 오니까요! / 엉덩이 치료 / 아기는 버스에 두고
신 춘향전 / 둘 다 임신 중이야

〈10-01〉

불 끄고 하더니

어느 부부가 결혼 후, 그 아내가 첫 아기를 낳았는데 이상하게 아이가 깜둥이였다.

남편이 노발대발하면서

"아니, 어째서 깜둥이가 나왔는가 말이다 엉?"

하고 고래고래 소리를 지르자, 그 아내 빙그레 웃더니

"자기가 불 끄고 하더니, 난 불 켜고 하자고 했잖아?"

〈10-02〉

친구의 부음

어느 복덕방에서 친구 몇이 둘러 앉아 도박을 하다가 한 남자가 돈을 잃자 그만 쇼크로 그 자리에서 죽고 말았다. 친구들은 이 친구의 부음을 친구 부인에게 알릴 일이 너무 난감했다.

그 중 한 친구가 용기를 내어 부인을 찾아갔다.

"안녕하세요, 주인이 늘 놀러 가시던 그 친구 복덕방에서 왔습니다."

"예, 거기라면 또 도박을 해서 우리 집 그이가 또 빈 털털이가 됐겠군요."

"예 그렇습니다."

"아유, 지긋지긋해, 맨 날 돈만 잃고, 그 작자 차라리 뒈졌으면 좋겠어요."

그 말을 듣고 찾아간 사람이 정색을 하며 나직한 목소리로 말했다.

"예, 아주머니, 안 그래도 그래서 왔는데요. 어쩌면 아주머니 소원대로 됐나 봅니다. 하나님께서 아주머니의 마음을 아셨는지 지금 막 하늘나라로 데려가셨습니다."

"아니? 뭐라구요!?"

⟨10-03⟩

노름꾼의 묘비명

백년 가까운 생을 살며 제1,2차 세계대전을 모두 겪은 영국의 유명한 극작가 조지 버나드 쇼(1856~1950)는 그의 묘비명을 다음과 같이 남겼다.

"우물쭈물 하다가 내 이럴 줄 알았지."

이런 버나드 쇼의 묘비명을 익히 아는 어느 유식한, 그리고 꽤 부유한 노름꾼이 있었다. 그는 평생 고 스톱만 좋아하다가 결국 나이 80이 넘자 미리 자신의 묘비명을 지어 유언장에 적어놓고 그 뒤에도 줄창 노름만 즐기다가 결국 노름방에서 심장마비로 최후를 맞이했다.

그의 자녀들이 유언장을 보고는 거기에 적힌 그대로 그의 묘비에 다음과 같이 새겼다.

"평생 고 스톱만 좋아하다가 내 영영 고 할 줄 알았다."

〈10-04〉

편지 쓰는 부인

암으로 투병 중이라 머지않아 세상을 떠날게 확실시 되는 남편 앞에서 부인은 이상하게 누군가에게 열심히 편지를 쓰고 있었다.
남편은 일루의 희망을 버리지 못하면서도
"여보, 나 아무래도 가망이 없는 거지?"
하고 쓸쓸하게 물었다.
"무슨 소리요? 당신은 분명 회복될 수 있다니까요."
"정말 그럴까, 내가 나으면 우리, 세계여행 갑시다."
"그럼요."
그리고 나서도 부인은 계속 편지를 쓰다가
"여보, 장례식이라고 쓸 때, 그 장자는 어떻게 쓰죠?"

⟨10-05⟩

새 출발

   한 처녀가, 결혼을 야속한 사랑하는 남자가 어느 날 교통사고로 그만 세상을 떠나자 슬픔에 젖어 하루하루를 보내다 더 이상 살고 싶은 의욕이 없어졌다.
   그래도 그동안 그녀는 애인을 잊고 살아보고자 했지만 그 애인과의 아름다운 추억이 자꾸 떠올라 정말 참기가 어려웠다.
   결국 그녀는 권총자살을 결심하고 총포상 등에 백방으로 사람을 넣어 드디어 권총 한 자루를 장만하게 되었다.
   어느 날, 그녀는 자기 혼자 쓰는 오피스텔에서 거울 앞에 서서 옷을 다 벗었다. 알몸이 된 그녀는 총알을 넣은 권총을 먼저 자신의 젖가슴에 겨누고 거울을 보았다. 탄력 있게 솟은 젖무덤, 젖꼭지도 예쁜 그 하얀 젖가슴에 총을 쏘다니 그건 너무 잔인하고 아까웠다. 그녀는 권총을 자신의 배로 가져간 뒤 거울을 보았다. 날씬한 허리, 매력적인 배꼽, 그리고 S형이랄 수 있는 자신의 몸매를 쳐다보니 총을 쏘기엔 또 너무 아까웠다.
   이 번엔 총을 더 밑으로 내리다 꼭 남자의 그것처럼 생긴 총부리를 자신도 모르게, 정말 무심히 자신의 숲 속 동굴 속에 넣어보았다. 그랬는데 이상하게 묘한 쾌감이 온 몸에 확 돌았다.
   그 순간 아, 나도 여자로구나 하는 새로운 인식과 함께 더 살고 싶은 욕망이 전류처럼 온몸에 엄습해 옴을 느꼈다.

그녀는 드디어 손에 든 권총을 내던지고 옷을 갈아입으며 외출을 준비 했다.

⟨10-06⟩

어떤 차이

어떤 여자가 성급하게 큰길을 무단 횡단하다가 그만 덤프트럭에 깔리는 교통사고가 났다. 그런데 다행히도 그 여자가 제때 엎드린 탓인지 막상 트럭 밑에서 여자를 끌어내놓고 보니 아무 상처도 없이 무사했다.

그때 마침 그 길을 건너던 배가 남산만한 한 임신부 아줌마가 한 마디 했다.

"당신은 참 운도 좋구려. 10분간이나 그 트럭 밑에 깔려 있었는데도 그렇게 무사하다니 말예요. 난 어떤 트럭 운전사에게 겨우 5분간 깔린 사실밖에 없는데 배가 이 모양이 됐지 뭐유?"

〈10-07〉

그건 빗물이에요

평소에 너무 술을 좋아하는 남자가 있었다. 그날 밤도 술에 곤드레가 되어 늦게 귀가 했다. 밤이 깊어 잠을 자던 남편이 일어나 나가더니 냉큼 들어오지 않았다. 부인은 화장실에 갔겠지 하고 기다리다 그래도 들어오지 않아서 나가봤더니 남편이 마루 끝에 서서 마당에 대고 자신의 성기를 두 손으로 잡고 소변을 보고 서 있는데 마침 비가 오는지 빗소리도 들렸다.
"아니, 당신 거기서 뭘 하고 계속 서 있는 거예요?"
"술을 많이 마셔서 그런지 소변이 끊어지질 않잖아!"
"그거 지금 빗물 떨어지는 소리예요, 그만 방에 들어와요."

〈10-08〉

물안개

　　60대 남자와 젊고 예쁜 30대 여자가 만났다. 그런데 이상하게 30대 여자가 남자의 입장이 어떤지도 모르고 자꾸 보채면서 말했다.
　　"아저씨 저는 나이 같은 거 의식하지 않을 테니 오늘 밤엔 제 청을 들어주세요."
　　"그 청이 무언가?"
　　"저는 남편이 죽고 없어서 혼자 너무 고독했으니 오늘밤 회포를 한 번 풀어볼까 하구요."
　　그러자 60대 남자가 호텔에 가자고는 해 놓고 한마디 물었다.
　　"당신 그럼 내가 '물안개'라도 괜찮지?"
　　여자가 그 말을 듣고 '물안개'가 무어냐고 물었다.
　　남자가 겸연쩍어 하면서 대답했다.
　　"물건이 안서도 개안아? 그 말이야."
　　그러자 그 말을 듣고 난 여자가 팩하고 돌아서더니 역시
　　"그럼, 나도 물안개다."
　　하는 게 아닌가. 남자는 뒤 따라가면서
　　"이봐, 그 물안개는 또 무슨 뜻이야?"
　　했더니, 이 여자 홱 돌아보며
　　"물론 안 되지 개새끼야!"

⟨10-09⟩

범인 찾기

　남편의 직업이 신통치 않아 하숙을 치며 살던 부부가 있었다. 어느 날 정전으로 인하여 사방이 깜깜하던 여름밤, 그만 하숙집 아줌마가 누구에게 겁탈을 당하고 말았다. 전기가 들어왔지만 이미 일이 끝난 뒤라 범인을 잡을 방도가 없었다. 특히 남편은 어느 놈인지 잡히기만 하면 죽이겠다고 흥분하고 있었다.
　그런데 한 열흘이 지나고 나서 부인이 남편에게 호들갑을 떨었다.
　"여보, 내 지난 번 일의 범인을 결국 잡았어요."
　남편이 더 흥분했다.
　"응, 어느 놈이야, 내 이놈을 가만 두지 않을 거야."
　"205호실 학생이 분명해요."
　"내 이놈을 반 죽여 놔야지."
　그러나 일어나 나가던 남편이 이상하다는 듯 아내에게 물었다.
　"그런데, 당신 범인이 그 놈이란 걸 어떻게 알았지?"
　"내가 그 놈을 잡으려고 매일 밤 한 놈씩 배 위에다 올려놓고 몸무게를 달아보았더니, 205호실 그 학생 놈이 그날과 몸무게와 체격이 똑같더라구요."

⟨10-10⟩

부자의 대화(1)

어느 부자가 시골 친척 집에 혼사가 있어 아들과 함께 버스여행을 하다가 중간 휴게소에 내려 화장실에 들어가 소변을 보게 되었다. 그런데 옆에서 소변을 누고 있는 아들을 보니 그것을 두 손으로 단단히 쥐고 누는 것이 아닌가.
"이 녀석아, 너는 젊은 놈이 그것을 그렇게 두 손으로 까지 쥐고 소변을 보느냐? 한심한 놈, 그렇게 힘이 없어서 장가를 가면 어디 아들인들 낳겠느냐?"
그러자 아들이 하는 말,
"아버지는 참 뭘 모르십니다. 잡은 손을 다 놓아버리면 오줌줄기가 너무 쎄어서 오줌이 제 콧구멍으로 들어가는데요."

⟨10-11⟩

부자의 대화(2)

어느 부자가 식사를 같이하고 우연히 식당 화장실에서 소변을 같이 누게 되었다. 그런데 아버지가 자신의 물건을 잡지도 않고 그냥 소변을 보는 게 아닌가.

이를 못마땅하게 본 그 아들이

"아버지, 손으로 좀 잡고 누시지요. 오줌이 여기저기로 튀어 백여 쓰겠어요?"

그러자 그 아버지 근엄한 얼굴을 하며 하는 말,

"인석아, 내 얼마 전에 병원에 건강검진을 갔더니, 의사가 하는 말이 나이 들수록 무거운 물건은 들지 않는 게 좋다고 하더라."

〈10-12〉
한 병 더 사거라

어느 가정주부가 자기 딸을 봐주던 친정어머니가 집에 간다고 해서 배웅도 할 겸함께 따라 나가다가 살 게 있어 슈퍼에 들렀다. 어머니가 뭘 살 거냐고 물었다.

"애 아빠 주려고 술을 한 병 사려고요."

그 말을 듣고 어머니는 사위가 전혀 술을 입에도 대지도 않는 사람이라서 자기 딸과 결혼을 시킨 일을 상기하며

"아니? 우리 사위는 술 전혀 못하잖아?"

어머니가 그렇게 물으니까

"글쎄 말예요, 술을 전혀 못하는 줄 알았는데 친구 모임에 저랑 함께 가서 몇 잔 마시고 오더니 그날 밤 그이가 불처럼 달아서 저를 아주 뜨겁게 사랑했다구요."

그 말을 듣고 난 어머니
"그럼 네 아버지 주게 한 병 더 사거라."

〈10-13〉

선생님도 꽤 아네요

어느 초등학교의 처녀 선생님이 산수 문제를 냈다.
"여러분 전깃줄 위에 참새가 다섯 마리 앉아 있는데 포수가 총을 쏴서 한 마리를 맞추면 몇 마리가 남지?"
한 꼬마 학생이 손을 들고 대답했다.
"한 마리도 없어요! 총소리에 다 도망갔어요."
"정답은 네 마리다. 허지만 네 생각도 꽤 그럴듯하다."
그 말을 듣고 꼬마가 반격의 질문을 했다.
"선생님, 그럼 세 여자가 아이스크림을 먹고 있는데, 한 여자는 핥아먹고, 한 여자는 깨물어 먹고, 또 한 여자는 빨아먹고 있어요. 어떤 여자가 결혼한 여자일까요."
얼굴이 빨개진 처녀 선생님이 대답했다.
"아마 빨아먹는 여자가 아닐까?"
그러자 꼬마 학생이 말했다.
"정답은 결혼반지를 낀 여자라구요. 하지만 선생님 생각도 그럴 듯해요. 꽤 아시네요."

⟨10-14⟩

여행소감?

어느 항공회사에서 남편이 사업관계로 해외여행을 가는 경우, 그 부인을 동반하면 부인의 항공요금을 특별히 반액 할인하는 행사를 한 동안 실시했다.

항공사 홍보실에서는 얼마 후 이 특별 할인 혜택을 받은 각 업체의 부인들에게 여행 소감이나 건의 사항을 묻는 앙케이트를 남편의 집 주소를 이용하여 일제히 보냈다.

그러나 그 회신이 한결 같았다.

"전 그런 여행 간적이 없는데 여행 소감이라뇨?"

⟨10-15⟩

세 명의 변강쇠

워낙 정력이 좋아 세 명 모두 변강쇠라는 별명이 붙은 세 남자가 술을 마시며 자기 정력 자랑을 했다.

첫 번째 변강쇠가 술잔을 비우며

"캬, 내 어젯밤에는 네 번을 했지. 그랬더니 역시 아침 밥상이 달라지더군."

두 번째 변강쇠가 말했다.

"난 다섯 번을 뛰었더니 아침에 상다리가 부러지더라."

두 사람이 말하는 동안 혼자 잔을 비우던 마지막 친구가 조용히 입을 열었다.

"나는 아침까지 꼭 한 번만 했어."

"겨우?"

나머지 둘이 입을 내밀며 비웃었다. 그러자 그 변강쇠 왈

"그런데 아침이 되자, 제발 식사 준비 좀 하게 그만 빼 달라구 하더군."

〈10-16〉

의견 청취 중

남편이 출근하기 전에 돈 문제로 한 바탕 싸운 부부가 있었다. 아직 화가 안 풀린 남편은 아침밥도 안 먹고 집을 나서면서 아내에게 아주 심한 소리까지 했다.

"침대 위에서는 변변치도 못한 주제에 뭐가 잘났다고 맨날 큰 소리야!"

그러나 회사에 도착한 남편은 아무래도 자기가 너무 심했구나 싶었던지 집으로 전화를 걸었다. 벨이 한참 울린 뒤에야 아내가 전화를 받았다.

"여보, 내 오늘 아침엔 미안했어. 부부싸움 칼로 물 베기라고, 이해 해주라. 그런데 왜 이렇게 전화를 늦게 받아?"

그러자 아내가 태연히 하는 말

"침대에서 하두 변변치 못하다니 다른 사람 의견도 좀 들어보려고요."

〈10-17〉

그럴 수도 있겠죠

딸이 이상하게 자궁 쪽이 가렵고 아프다고 하자 어머니가 병원에 데리고 갔다.

의사는 진찰을 해보더니 아주 난처한 얼굴로 말했다.

"좀 말씀드리기 곤란한 상황이지만 따님은 임질에 걸렸습니다."

그 말을 듣고 난 어머니, 임질이 왜 생기는지도 모르고

"예, 임질이라구요? 만약 그게 사실이라면 우리 애는 공중변소에서 걸렸을 거예요."

의사는 그 말을 듣고 고개를 끄덕이며

"아마 그럴 수도 있겠죠. 세상에 얼마니 급했으면 공중변소에서…."

⟨10-18⟩

한 여자만 빼고는

어느 아파트 단지에 사는 부부가 있었다. 어느 날 남편이 퇴근시간이 되자 아주 씩씩거리며 집에 들어왔다. 그의 아내가 남편의 모습이 수상해서 물었다.

"당신, 무슨 일이 있어요?"

"아파트 관리인 놈하고 싸웠어!"

"아니, 왜요?"

"아, 그 자식이 이 아파트 아줌마란 아줌마는 딱 한 여자만 빼고 전부 자기하고 그렇고 그런 관계를 맺었다고 잘난 체를 하는 거야, 글쎄."

"음, 그래요. 아마 그 한 여자는 3층에 사는, 노상 반상회에서 잘난 체 하는 그 여자일 꺼에요."

⟨10-19⟩

덤으로 주더라

어느 날 티코를 운전하는 한 아줌마가 쇼핑을 나갔다. 날씨도 좋아 기분이 아주 상쾌했다.

그런데 신호에 걸려서 차를 멈추고 정지선에서 기다리고 있는데 그때 옆 차선에서 그랜저를 탄 아줌마가 잘난 체하려고 껌을 짝짝 씹으며 티코 아줌마에게 말을 걸었다.

"언니, 그 티코 얼마 주고 샀어?"

그러자 티코 아줌마는

"별꼴 다 보겠네."

하고는 씽 하고 계속 달렸다.

한참 달리다 보니 또 빨간 불이 들어와 다시 멈춰 섰을 때, 그랜저 아줌마가 옆에 멈춰 서서는 또 물었다.

"언니, 그 티코 얼마 주고 샀느냐니깐."

티코 아줌마는 속이 상했지만 대꾸도 않고 다시 달렸다.

잠시 후 또 빨간 불.

다시 티코 아줌마가 멈추자 그랜저 아줌마가 옆에 멈춰 서서 또 물었다.

"언니! 그 티코 얼마 주고 샀느냐고 물었잖아?"

그러자 티코 아줌마 화가 머리끝까지 치밀어 하는 말

"이, 가시내야! 내가 벤츠 사니가 덤으로 한 대 주더라!"

〈10-20〉

너야 무슨 죄가 있겠느냐

옛날 어느 시골에 바람기 많은 영감이 살고 있었다. 하루는 또 외박을 하고 아침 늦게 집에 들어오니 본처인 그의 아내가 다시 욕설을 퍼부으며 남편을 아주 못 살게 볶아댔다.

"그렇게 딴 계집이 좋으면 그년 집에서 평생 눌러살지 집에는 왜 들어와서 내 속을 이렇게 긁어요?"

그러자 그 영감은 알았다는 표정을 짓더니 집에서 심부름하는 총각 돌쇠를 불렀다.

돌쇠가 안방에 들어서자

"돌쇠야, 너 부엌에 가서 부엌칼과 도마를 좀 가져오너라."

"예, 영감님."

이내 돌쇠가 칼과 도마를 안방에 들여 놓고 나갔다.

안방 문을 걸어 잠근 영감은 아내 앞에서 바지를 벗더니

"내 이놈에 한 뼘도 될까 말까한 물건 때문에 늘 당신 속을 썩이니, 오늘 당신에게 사죄도 할 겸, 생각난 김에 아주 딱 자를 테니 그리 아시오!"

하며 부엌칼을 손에 들고 자신의 물건 밑에 도마를 끌어 들이는 게 아닌가.

그러자 강짜 심한 그의 아내가 도마를 잽싸게 치운 뒤 남편의 물건을 손에 받쳐 들고 하는 말

"오입하러 가는 네 주인 마음이 문제지, 너야 무슨 죄가 있겠느냐?"

⟨10-21⟩
마님, 같은 일인데요

    판서를 지낸 김 대감 댁 여종이 어쩌다 임신을 하고 말았다. 여종의 배가 불러 오자 호랑이 같은 주인마님이 그냥 넘어 갈 리가 없었다.
    "이 화냥년아, 내가 뭐라고 했느냐! 자고로 사내놈들이란 모두가 도둑놈들이라고 하지 않았느냐? 사내놈 꼬임에 넘어가면 신세 망친다고 그만큼 말했건만, 이게 무슨 꼴이냐. 어른 말 안 들은 죄로 네가 천벌을 받아서 배가 동산만 해 진거다. 난 그 꼴을 더 이상 못 보겠으니 당장 나가거라!"
    일장의 호통이 끝나자 여종이 조심스럽게 입을 열었다.
    "하지만 마님….."
    여종은 아예 울면서 말을 이었다.
    "마님, 아이를 배는 게 그렇게도 큰 죄가 되는지요? 마님께서도 작년에 아이를 낳으셨지 않습니까?"
    "그건 지금의 네 경우와 다르다. 내가 낳은 아이는 대감의 아이였느니라."
    "저도 마님과 똑같이 아이를 배었고, 머지않아 그 아이를 낳을 텐데요."
    "글쎄, 그래도 그건 어느 놈 애인지 모르잖아?"
    "마님, 글쎄 저도 대감님 아이를 배었으니까 같은 일인데요."

⟨10-22⟩

본전 뽑으려고?

비교적 금슬이 좋은 부부가 있었다. 그런데 그 부인은 툭하면 자기 남편에게 보약이나 정력제 같은 걸 잘 먹였다.
"여보 어서 이리 와서 약 좀 드세요."
그날도 저녁식사를 마친 뒤 웬 약사발을 들고 거실에 앉아 있는 남편에게 권했다.
"또 무슨 약인데?"
"어제 드신 것과 같은 약이에요. 당신 나이도 있고 해서 보약을 지은 거예요. 어서 드세요."
"싫어, 난 보약 같은 거 그만 먹을래."
남편은 손사래를 치며 아예 마당으로 내려간다.
"당신도, 참 이게 얼마나 좋은 보약인데 그래유. 빨리 올라와서 드세유."
그러자 마당에 서 있던 그 남편 크게 외쳤다.
"약 먹여 놓고 당신 어젯밤처럼 또 본전 뽑으려고 그러지?"

⟨10-23⟩

약사님 덕분에

영국의 노 남작과 결혼하게 된 마음씨 착하고 젊은 폴레트란 여인은 막상 신혼 여행지엔 무사히 당도 했으나 첫날밤을 맞을 일부터 큰 걱정이었다. '영감님이 너무 연로해서 첫날밤에 만족할 수 있을까'하는 우려 때문이었다.

생각다 못한 이 여인은 영감님이 샤워를 시작하자 호텔 근처의 약국에 가서 약사와 상의를 했다. 사정을 상세히 알게 된 약사는 발군의 특효약이라면서 환약 한 상자를 주며 그 일을 시작하기 전에 두 알만 드시도록 하라고 했다.

이튿날, 폴레트는 다시 약국에 와서 약사에게 말했다.

"참으로 훌륭한 밤이었어요. 남작님은 약효가 너무 좋다고 두 알씩 여러 번, 그러니까 한 상자를 거의 다 드신 거예요. 그리고 일곱 번이나 저랑 사랑을 나누신 거죠. 그런데 오늘 아침 대 만족하신 가운데 숨을 거두셨어요. 모든 것이 약사님 덕분이에요."

〈10-24〉

모델답게

    프랑스의 어느 화가가 자신의 아틀리에서 아름답고 젊은 아가씨와 즐거운 이야기를 주고받고 있었다.
    그런데 돌연 그 방의 출입문 열쇠 구멍에서 열쇠 돌아가는 소리가 들렸다.
    그러자 그 화가는 당황해서 말했다.
    "이거 안 되겠어, 틀림없이 내 아내야. 서둘러 옷을 벗고 서라구!"

〈10-25〉

하룻가 어딘데

    워싱턴 대학에서 윤리시간에 한 교수가 학생들의 풍기문란에 분개한 나머지 격한 어조로 "이 클라스의 여학생 중에 단 한 명이라도 진짜 처녀가 있는가?"
    하고 개탄 했다.
    여학생 중에 메리는 크게 화가 나서 강의를 마치자 곧 산부인과 병원에 가서 '처녀 증명서'를 받아다 이튿날 그 교수에게 내밀었다.
    하지만 교수는 증명서를 흘끗 보더니 비웃듯이 말했다.
    "이게 무슨 소용이 있어? 이건 어제 날짜가 아닌가?"

⟨10-26⟩

구혼광고 이후

그는 아무리 총각이지만 여자 친구 하나 없었다. 그는 너무 외로웠다. 누군가 말 상대가 그리웠다. 진실로 사랑하는 사람을 원했다. 그래서 결혼을 하고 싶었다.

드디어 신문에 제법 크게 광고를 냈다. 아내가 되고 싶은 여자를 찾는다고.

그랬더니 거의 500통의 편지가 날아들었다. 그런데 그 가운데 300통의 편지는 남자로부터 온 것이었다. 대체로 그 편지엔 이렇게 쓰여 있었다.

"제발, 내 마누라를 가져가시오!"

⟨10-27⟩

비가 오니까요!

어느 부인이 남편이 없는 낮 시간을 틈타 젊은 애인을 집으로 불러들여 한참 신나게 그 일을 즐기고 있었다. 그런데 갑자가 남편의 차가 들어오는 소리가 나자 허겁지겁 침대에서 일어나며 급하게 말했다.

"서둘러요, 남편이 돌아와 차를 대고 있어요. 빨리 창밖으로 나가요!"

"밖에 비까지 내리는데 어떻게 나가나?"

"남편이 우리를 보면 둘 다 죽일 거예요. 그러니 나가요!"

그 말을 듣고 남자는 어쩔 수 없이 옷가지를 주워들고 창밖 행길로 뛰어 내렸다.

그런데 그때 마침 거리에선 시민 마라톤 대회가 열리고 있었다. 남자는 엉겁결에 사람들과 함께 뛰었다. 그러자 옆에서 뛰던 한 노인이 물었다.

"젊은이는 항상 그렇게 벗고 뛰오?"

"예, 벗고 뛰는 게 편해서요."

"그 옷들도 항상 들고 뛰는 거요?"

"예, 그래야 다 뛰고 난 다음에 옷을 입죠."

"그럼, 그 콘돔은 왜 끼고 뛰는 거요?"

그러자 남자가 대답했다.

"하, 오늘은 비가 오니까요."

〈10-28〉

엉덩이 치료

어느 병원에 엉덩이를 크게 다친 남자 환자가 실려 왔다.

"아니 어쩌다 이런 곳을 다 다치셨어요?"

"아, 이거 너무 부끄러운데…, 아까 제 여자 친구 아파트에 찾아 갔다가 너무 급한 김에 그냥 거실 카펫트 위에서 그 짓을 즐기다가 그만 샹들리에가 떨어져서."

"그것참 불행 중 다행이네요. 엉덩이였으니 망정이지 만일 머리 위로 떨어졌으면 정말 큰일 날 뻔 했습니다."

그러자 넉살 좋은 그 남자

"맞아요! 정말 다행이죠. 그 놈의 샹들리에가 만약 한 1분만 일찍 떨어졌으면 제 머리는 이미 박살이 났을 겁니다."

〈10-29〉

아기는 버스에 두고

한 금발의 미녀가 블라우스를 활짝 열어 놓은 채 오른쪽 젖가슴도 밖으로 드러내 놓고 부지런히 길을 가고 있었다.

그 여인을 본 미국 경관이 그녀에게 다가가서 말했다.

"부인, 내가 당신을 과다 노출 죄로 이 자리에서 체포할 수도 있다는 사실을 알고 있습니까?"

그러자 부인이 물었다.

"왜 그렇죠, 경관님?"

"당신 젖가슴이 밖에 나와 있잖아요."

그때야 그 부인은 자신의 가슴 쪽을 내려다보더니 깜짝 놀라며 외쳤다.

"맙소사, 이럴 수가. 아기 젖 먹이고 나서 아기는 버스에 두고 내려버렸네!"

〈10-30〉

신 춘향전

변 사또가 기어코 춘향이를 방으로 불러들여 그녀의 가슴을 어루만지며 물었다.

"춘향아, 이것이 무엇이더냐?"

"소녀의 유방이옵니다."

"여기는 무엇이더냐?"

"소녀의 엉덩이옵니다."

"여기는?"

"배꼽이지요."

점점 열이 오른 변 사또, 이 번에는 춘향의 거시기를 만지며

"그럼, 이것은 무엇인고?"

그러자 춘향이 변 사또의 귀싸대기를 후려치며

"개새끼, 별 걸 다 만지고 지랄이야!"

〈10-31〉

둘 다 임신 중이야

나이 팔십이 넘은 노인이 의사 친구를 찾아가서 의기양양하게 말했다.
"친구, 나 결혼하게 되었네."
그러자 의사 친구가 신부의 나이를 물었다.
"20대 초반이야."
친구는 노인에게 말했다.
"여보게 나이 차로 보아 둘 다 불행할 걸세. 차라리 결혼하지 않는 것이 좋겠네."
"하지만 이미 결혼식 날짜까지 받아 놓았는걸."
그러자 친구는 신중하게 권고 했다.
"그러면 아주 좋은 수가 있네, 부인을 만족시키기 위해서 하숙생 한 사람을 두게."
그 후 반년이 지나서 그 노인이 다시 그 친구를 만났다. 친구가 물었다.
"자네, 결혼 재미가 어떤가?"
"아주 행복하다네, 우리 마누라는 지금 임신 중이야."
"그래? 내가 시킨 대로 하숙생을 두었군."
"그렇다네, 그런데 그 하숙생도 임신 중이야."
"아니? 여자 하숙생을 두었나?"
"당연하지."

제11장 불은 켜지 마세요

시동생 편지 / 그럼 누구지? / 어른 말은 들어야지
형부 괜찮아요 / 불은 켜지 마세요 / 첫날밤 질문
첫 여자 / 학생회장 선거 / 흉칙한 조개젓
유경험자 / 일광욕 하는 여자 / 그거 참 잘 됐구려
그건 문고리가 아냐 / 실은 33세인데 / 이젠 대머리냐?
당신도 성추행 죄 / 그게 목표인 줄 몰라서
나무꾼의 봉변 / 그냥 데리고 있으세요 / 어른들의 비밀
뒷집 개 덕분에 / 어떤 복수 / 어느 명약
여자의 한탄 / 한 번 상상해봐라 / 말이 한 말
갓을 쓴 양반 / 뭐가 보여야죠
고릴라도 이해하겠지 / 절호의 기회

⟨11-01⟩

시동생 편지

  6.25 직후, 별 학력도 없이 군에 간 청년이 고향집에 편지를 보내왔는데 그는 한글 철자법도 잘 모르는 처지라 편지 글에서 받침을 빼먹고 쓰기가 일쑤였다.
  이를테면 그 내용 중에 '어머님 본지도 까맣고, 형수님 본지도 까맣고' 이렇게 써야할 편지에 '본' 자 밑에 있는 'ㄴ'받침을 모두 빼먹고 써서
  '어머니 보지도 까맣고, 형수님 보지도 까맣고' 이렇게 써서 보냈다.
  그 편지를 본 그의 어머니 말하기를
  "자식 내 것은 그렇다 치고, 제 형수 것은 또 언제 봤어?"

⟨11-02⟩

그럼 누구지?

  어느 부부가 영화를 보고 극장에서 나왔다.
  거리에 나서자 부인이 말했다.
  "당신 극장 안에서 왜 자꾸 내 가슴을 주무르고 그랬어요?"
  "뭐라고?"

"아니, 내가 그만 하라고 그렇게 손을 비틀었는데도 계속 주무르면 어떻게 해요?"

그러자 남편이 거듭

"내가 당신 가슴을 주물렀다구? 나는 절대 안 주물렀는데."

"어머나, 그럼 그게 누구였죠?"

〈11-03〉

어른 말은 들어야지

하동성에 사는 왕 서방의 아내는 날마다 집안 일로 분주했다. 그때마다 어린 아들을 불러 심부름을 시켰다. 그러나 놀기에 바쁜 어린 아들은 고분고분 말을 잘 듣지 않았다.

"애야, 어른이 말할 때는 싫다고 하면 안 되는 거란다."

어머니에게 핀잔을 들은 아들은 마지못해 심부름을 가곤 했다.

그날 밤 부부가 잠자리에 들어 아들이 자는 줄 알고 속삭였다.

나이 지긋한 아버지가 댓살이나 아래인 어머니에게 그걸 하자고 사정 하는 말이 들렸다. 그러나 어머니는 아들이 아직 안 자는 것 같아 싫다고 하는 것이었다.

자는 줄 알았던 어린 아들이 소리쳤다.

"엄마, 어른이 하자는 것을 싫다고 하면 안 돼!"

⟨11-04⟩

형부 괜찮아요

한 가난한 총각이 길림성에 있는 부잣집 딸과 약혼을 했다.
총각은 의심이 많은 사람이라 혹 부잣집에서 수소문을 하여 자기 집이 가난하다는 것을 미리 알면 약혼이나 결혼을 취소하면 어쩌나 싶어 고민에 고민을 거듭한 끝에 아예 길일(吉日)을 택하여 소위 보쌈형식으로 신부를 약탈해올 결심을 하고 신부의 마을에 갔다. 그는 처가가 될 집에 몰래 들어가 밤이 깊어지자 잠든 처녀를 미리 준비한 큰 자루에 싸서 업고 나오게 되었다.
그런데 등 뒤에서 이 사실을 안 그 집 머슴이 그의 뒤를 따라오며 하는 말
"여보시오, 그 자루 속에 들어있는 처녀는 신부의 동생이니 처녀를 바꿔가시오!"
하는 게 아닌가. 그래서 그 사람이 주춤하며 처녀를 확인하려고 하자 자루 속에든 처제가 다급하게 소리치는 말
"형부 괜찮아요, 괜찮으니까 빨리 가서 우리 함께 살자구요."

〈11-05〉

불은 켜지 마세요

신혼 초부터 잠자리에 들 때는 그의 아내가 남편에게 이렇게 말했다.
"자기야 불은 켜지 말아요."
"왜?"
"아이, 부끄럽지 않아요."
그런데 결혼한 지 20년이 지났는데도 그의 아내는 내내 불을 못 켜게 했다.
"불 좀 켜고 재미 보면 안 될까?"
"여보, 불은 켜지 말아요."
"왜, 아직도 부끄러워?"
남편이 이렇게 묻자 아내가 말했다.
"아뇨, 힘없는 당신이구나 생각하면 당신 얼굴만 봐도 이제 맥이 빠져요."

⟨11-06⟩

첫날밤 질문

신혼 첫날밤, 신랑이 신부에게 진지하게 물었다.

"우리 모든 걸 솔직히 털어놓읍시다. 난 당신 말고 꼭 네 여자와 관계한 게 사실인데, 당신은 지금까지 나 말고 몇 남자와 관계를 가졌소?"

그 말을 듣고 신부는 고개를 숙인 채 아무 대답이 없었다.

"왜, 대답이 없소?"

신랑이 신부에게 재차 물었다.

그러자 신부가 하는 말

"기다려 봐요, 정확히 말하려고 지금 숫자를 세고 있는 중이니까요."

⟨11-07⟩

첫 여자

결혼한 지 몇 달이 안 된 어느 날, 퇴근한 남편에게 아내가 물었다.
"자기, 결혼 전에 사귀던 여자 있었어? 솔직히 말해봐, 응?"
"응, 있었어."
"정말? 그럼 사랑했어?"
"응, 뜨겁게 사랑했어."
"키스도 해 봤어?"
"해 봤지."
"그럼 함께 자기도 했어?"
"그랬지."
아내는 드디어 화가 머리끝까지 치밀어 올랐다.
"지금도 그 여자 사랑해?"
"그럼 사랑하지. 첫 사랑한 첫 여잔데."
열이 오를 대로 오른 아내가 소리를 빽 질렀다.
"그럼, 그년하고 결혼하지 왜 나하고 했어?"
그러자 남편이 웃으며 하는 말
"그래서 그년하고 결혼해서 이렇게 살잖아?"

〈11-08〉

학생회장 선거

어느 대학교에서 학생회장 선거를 하게 되었다. 입후보자는 두 사람으로 압축되었는데 한사람은 키도 크고 잘 생긴 여학생이고 다른 한 사람은 키도 작고 볼 품 없는 남학생이었다. 우선 외모에서 밀린다고 생각한 남학생은 선거 구호를 궁리한 끝에 '작지만 단단한 사람'으로 정하고 이 말을 선거 포스터에 넣어 게시판에 붙였다.

그런데 어떤 녀석이 포스터 한쪽을 쭉 찢어내어 그 구호가 이상하게 변해버렸다.

즉 '자지만 단단한 사람' 으로 달라진 것이다.

그러나 학생회장 선거에는 이 남학생이 압도적인 표차로 당선되었다.

〈11-09〉

흉칙한 조개젓

옛날에 어떤 사내가 아내는 장사를 나가고 혼자 집을 보고 있었다. 그런데 그 사내는 평소에도 바람기가 있어 웬만한 여자만 보면 그 짓을 거침없이 해 내고 마는 못 된 버릇이 있었다. 그날도 혼자 심심하게 누워 있는데 마침 그 집에 여자 조개젓 장수가 찾아왔다.

"조개젓 사세요."

그 소리를 듣고 사내가 문틈으로 내다보니 제법 아리따운 여인이었다. 사내는 음심이 동했지만 거짓으로 끙끙 앓는 척을 하면서 말을 건넸다.

"아주머니, 내가 병이 들어 일어나지를 못하니 조금도 어렵게 생각 말고 이 방에 있는 그릇에다 조개젓을 조금만 팔고 가시구려."

여인은 조금도 의심을 않고 방으로 들어왔다.

순간, 그 사내가 벌거벗은 몸으로 벌떡 일어나더니 여인을 대뜸 끌어안고 무조건 이불 속으로 들어갔다. 그리고는 순식간에 여인의 옷을 벗기며 자신의 큰 남근을 꺼내 사정없이 여인의 몸을 공격하는 것이었다.

"아이 흉칙해라, 이게 무슨 짓이에요?"

여인은 억센 남자에게 도취되어 한편 겁나고 한편 좋아서 어쩔 줄을 모른 채 연신 '흉칙한' 소리만 거듭 했다.

조개젓 파는 것은 그만두고 엉겁결에 일을 마친 여인은 그 방을 나오면서도 '흉칙한' 소리만 질러 댔다. 그리고 다시 조개젓 통을 머리에 이고 길을 걸으면서도 여인은 이렇게 외쳤다.

"흉칙한 조개젓 사시오"

〈11-10〉

유경험자

어느 사내가 경찰서에 와서 전날 밤 자기 집에 들어왔던 도둑을 좀 만나게 해달라고 말했다.
"재판할 때나 볼 수 있을 텐데요."
경찰관이 규정에 없는 일이라고 이렇게 거절하자
"실은 그 사람에게 알아낼 게 있어서요."
"그게 뭔데요?"
"어떻게 우리 마누라를 깨우지 않고 우리 집에 들어올 수 있었는지를 알고 싶어서요."
"그건 왜죠?"
"난 여러 해 동안 해 봤어도 그렇게 안 되더라구요."

〈11-11〉

일광욕하는 여자

한여름, 해수욕 철이 되자 해변 가 고급 호텔엔 바캉스 객으로 붐볐다.
한 올드미스가 애인도 없이 미리 예약한 호텔에 혼자 투숙을 했다. 그는 하루 쯤 해수욕을 해 봤지만 혼자는 너무 심심하여 차라리 일광욕으로 자신의 휴가 일정을 채울 생각을 하고 다음날 낮에는 호텔 옥상으로 수영복을 입은 채 올라 갔다.

첫날은 수영복 차림으로 잘 보냈다. 그 이튿날 오후에도 일광욕을 하고자 그는 일단 수영복 차림으로 옥상에 올라가기는 했다. 그러나 수영복을 입고 있으니 하반신 의 일광욕이 시원치 않자, 전신을 다 태울 생각으로 아예 수영복을 벗고 나체로 두러 누워 있었다. 그러다가 궁둥이도 태워야 할 것 같아 벗은 채 엎드려 일광욕을 시작했다.

그러나 얼마 후, 호텔 지배인이 헐레벌떡 옥상에 올라와 아주 난처한 표정으로 여인에게 말했다.

"아가씨, 제발 그만 옥상에서 내려가 주셔야 하겠습니다. 아가씨가 벗고 누운 옥상의 그 부분은 전부 투명 유리로 바닥을 깔아서 이 아래 식당에서 환히 올려다 보이는데요, 어제는 수영복 차림이라 그런대로 묵인해 드렸지만 오늘은 아예 나체로, 그것도 궁둥이 쪽도 아니고 그 반대쪽이 아래에서 다 보이니 어쩝니까? 하긴 덕분에 손님이 쇄도해서 음식은 너무 많이 팔렸지만요."

그러자 이 여자 수영복을 다시 입으며

"그 쪽이 그렇게 흉했나요?"

317

〈11-12〉

그거 참 잘 됐구려

　중국 함양성의 한 판관이 여자를 좋아하기로 유명했는데 그 부인은 부인대로 질투가 또한 대단했다.
　어느 날, 판관이 기생집에서 실컷 놀다 집에 돌아오니 안방 문갑 위에 먹물들인 옷감 한 필이 놓여 있어 부인에게 물었다.
　"부인, 저 옷감은 뭘 할 거요?"
　"참, 당신도 너무 하십니다. 당신이 허구헌날 바깥으로만 나도시니 내 어찌 편안히 집에 붙어살겠습니까? 제가 아예 없어질 테니 이제 마음 놓고 외도하십시오."
　"아니, 어디로 간다고 이러시오?"
　"입산하여 중이나 되려고 합니다. 이 옷감도 승복을 지으려고 마련한 것입니다."
　그러자 남편이 말했다.
　"그것 참 잘 됐구려. 부인이 알다시피 내 여색을 좋아해서 그동안 기생, 무당, 유부녀, 심지어는 방아 찧고 빨래하는 종년에 이르기까지 안 건드려 보 계집이 없었지만 꼭 하나 여자 중만은 관계해 보지 못했는데 이제 그 뜻을 이루게 됐으니 아무 여한이 없게 됐구려."

⟨11-13⟩

그건 문고리가 아냐

　옛날 어느 처녀가 막상 혼례를 치르고 나서 밤이 되어 신방에 들어가야 할 시간인데 신방엔 들어가지 않겠다고 완강히 거부했다. 신랑은 목이 타게 기다리고 있는데 이건 아주 큰 낭패였다. 생각다 못해 그 부모는 유모보고 알아서 해 보라고 말했다.
　할 수 없이 유모가 걸머지다시피 하여 신방 앞까지 그녀를 데리고 갔다.
　방문 앞에 선 유모가 돌쩌귀를 문고리로 잘못 알고 한참동안이나 잡아당겼지만 문이 열릴 리가 없었다.
　겉으로는 부끄러워 아주 싫은 척 했지만 내심은 그게 아니라, 등에서 참다못한 신부가 유모에게 말했다.
　"막상 문이 열려도 내가 들어갈지는 모르겠지만, 지금 유모가 잡아당기고 있는 것은 문고리가 아니라 돌쩌귀 일세."

⟨11-14⟩

실은 33세인데

　어느 일류호텔 카지노에 한 아가씨가 들어와서는 어느 번호에 돈을 걸어야 할지 은근히 망설이고 있었다. 이를 보고 눈치 빠른 딜러가 가만히 있을 리 없었다.

"아가씨, 맞히기만 하면 상금이 1,000배입니다. 1,000배!"

"어느 숫자에 걸어야할까요?"

"아가씨 나이에 한 번 걸어보시면 어떨까요?"

잠시 주저하던 아가씨는 25라는 숫자에 100만원을 걸었다. 이윽고 게임이 시작 되고 바늘이 33이라는 숫자에 멈췄다.

순간, 이 아가씨는 "악!"하고 소리를 지르더니 그 자리에서 거품을 물고 쓰러졌다.

"아가씨, 왜 이러십니까?"

딜러가 달려들어 아가씨를 부축하며 물었다.

"실은 내가 지금 33세라구요."

〈11-15〉

이젠 대머리냐?

아주 지독하게 남편을 의심하는 의부 증 심한 아내가 있었다. 그녀는 남편이 집에 돌아와 옷을 벗고 샤워를 시작하면 와이셔츠에서 팬티까지 철저하게 점검을 했다.

그러다가 가느단 머리카락이라도 나오면

"이건 어느 년 꺼야"

하며 난리를 냈다.

그러던 어느 날은 아무리 옷을 자세히 살펴봐도 머리털 하나 나오지 않았다.

그러자 그의 아내가 말했다.

"이봐, 이젠 하다하다 대머리 여자까지 사귀냐?"

⟨11-16⟩

당신도 성추행 죄

어느 부부가 호숫가 휴양지로 휴가를 갔다.

낚시광인 남편이 미리 빌린 보트를 타고 새벽 낚시를 나갔다가 모텔에 들어와서 아침을 함께 먹고 낮잠을 자는 동안 부인이 그 보트를 타고 호수 가운데까지 가서 돛을 내리고 시원한 호수바람을 즐기며 책을 읽고 있었다. 그런데 경찰 보트가 순찰을 하다가 부인이 탄 보트에 접근, 검문을 했다.

"부인, 여기서 무엇을 하고 계십니까?"

"책을 읽고 있는데요. 뭐 잘못된 것이라도 있습니까?"

"네, 이 지역은 낚시 금지구역인데, 부인은 벌금을 내셔야 하겠습니다."

"아니, 여보세요! 낚시를 하지도 않았는데 무슨 벌금을 내라고 그러세요?"

"현장에서 낚시를 하지 않더라도 배에 낚시도구를 완전히 갖추고 금지구역 내에 정박해 있으면 그것만으로도 벌금 사유가 충분합니다."

"그래요? 그렇다면 당신도 성추행 죄로 고발해야 하겠어요!"

"아니, 난 부인에게 손도 댄 적이 없는데 성추행 죄라니요?"

"당신은 지금 성추행에 필요한 물건을 다 갖추고 혼자 있는 여자 가까이에 있잖아요?"

〈11-17〉

그게 목표인 줄 몰라서

어느 미혼 여자가 혼자 영화를 보러 갔는데 어느 젊은 사나이가 그녀의 지갑을 훔쳤다고 그 남자를 고소, 재판에 회부되었다.

재판관이 여자에게 물었다.

"지갑은 어디에 넣었습니까?"

"제 스커트의 안쪽 포켓입니다."

"그럼, 범인은 스커트 자락 안으로 손을 집어넣었겠군요?"

"네, 그렇습니다."

"그런데 당신은 그걸 몰랐습니까?"

"아니요, 분명 알고 있었습니다."

"그럼 왜 그때 사나이의 손을 뿌리치지 않았습니까?"

"그땐, 지갑이 목표라고 생각하지 못해서…."

〈11-18〉

나무꾼의 봉변

어느 중년 남자가 서울 직장에서 구조조정으로 밀려나 농사나 지으며 살려고 강원도 산골로 내려갔다.

하루는 땔감을 구하려고 뒷산으로 갔다가 날씨가 너무 더워 계곡에서 목욕을 하게 되었다. 그런데 목욕을 끝내고 옷을 입으려고 찾는데 도무지 옷이 어디로 갔는지 보이질 않았다.

그가 애타게 옷을 찾고 있을 때, 갑자기 선녀 한명이 나타났다. 선녀는 속이 환히 들여다보이는 얇은 가운 하나만 걸치고 있었다.

그는 창피해서 마침 옹달샘 옆에 있는 바가지로 중요한 부분을 가렸다.

그러자 선녀가 아주 요염한 자태를 취하며 말을 걸었다.

"손을 떼면 옷을 찾아드리지요."

그는 우선 왼손만 떼어 보았다

"오른손도 마저 떼셔야지요."

그는 자존심도 상하고 창피했지만 옷 때문에 오른손마저 살며시 떼었다.

그런데 이게 웬일인가. 당연히 바닥으로 떨어질 줄 알았던 바가지가 그대로 붙어 있는 게 아닌가.

선녀는 그걸 보고 재미있다는 듯이 혼자 키득키득 웃었다.

그러더니 갑자기 말괄량이처럼 표정을 바꾸며 아주 고약한 어조로 이렇게 말했다.

"짜샤! 힘 빼."

〈11-19〉

그냥 데리고 있으세요

어느 인질범이 70이 넘은 할머니를 인질로 잡아 놓고 그 집에 전화를 걸었다.

전화는 마침 그 집 며느리가 받았다.

"당신 시어머니를 내가 데리고 있다. 천만 원을 보내주면 풀어주겠다."

그랬더니 며느리가 말했다.

"천만 원? 어림없는 소리, 네 맘대로 해!"

인질범이 다시 말했다.

"좋다. 그럼 네 시어머니를 도로 데려다 놓겠다."

그러자 당황한 며느리가 다급한 목소리로 말했다.

"여보세요. 은행 계좌번호가 어떻게 되죠? 돈은 보내드릴 테니 그냥 데리고 있으세요."

⟨11-20⟩

어른들의 비밀

한 꼬마가 동네 친구들과 놀다 아주 흥미로운 이야기를 하나 들었다.

"야, 어른들은 꼭 비밀을 한두 가지씩 가지고 있으니까 그걸 은근히 캐물으면 용돈이 생길 수도 있단다."

꼬마는 그 말을 실험해 보기 위해 집에 와서 맨 먼저 어머니를 붙들고 물었다.

"엄마, 엄마는 비밀 한 가지를 숨겨두고 있지? 나는 그걸 알고 있는데…."

그러자 엄마는 놀라면서 당장 돈 만원을 주며 말했다.

"아가, 절대 아빠에게 말하면 안 된다."

그날 꼬마는 아빠가 집에 오기만 기다렸다. 드디어 집에 온 아빠가 혼자 있는 틈을 타서

"아빠, 아빠는 엄마 모르는 비밀이 있지? 나는 그걸 안다."

그러자 아빠는 눈이 휘둥그러지더니 그 자리에서 2만원을 꺼내어 주면서

"너 이 돈 갖고 엄마에게 말하면 안 돼, 무슨 말인지 알지?"

꼬마는 계속 용돈이 생기자 너무 신이 났다. 다음날 마침 우편배달부 아저씨가 꼬마 집에 왔다.

"아저씨, 난 아저씨의 비밀을 다 알고 있다구요."

그러자 우편배달부는 울먹이면서 눈물까지 보이더니 말했다.
"그래, 언젠가 이런 날이 올 줄 알았다. 넌 내 아들이다. 이리 와서 아빠에게 안기려무나!"

〈11-21〉

뒷집 개 덕분에

약 100년 전, 의주에서 아전 벼슬을 하던 조계달이란 사람은 아주 입이 험해 남들에게 아슬아슬한 농담을 잘했다. 그러나 이런 농담의 달인도 한 번은 호되게 당한 일이 있었다.

그가 어느 날 거리를 걸어가는데 앞서 가는 중년 여자의 치마 뒤자락이 많이 벌어져 아주 흉해 보였다. 그걸 본 조계달이 그 여자를 놀려 주려고 말을 걸었다.

"여보쇼, 아주머니! 임자네 뒷문이 열렸으니 그 뒷문으로 좀 들어가도 되겠소?"

그러자 여자가 깜짝 놀라 뒤를 돌아보더니 태연히 이렇게 말했다.

"어머나, 뒷집 개가 없었더라면 도둑맞을 뻔했네."

⟨11-22⟩

어떤 복수

늘 영리하고 재치 있다는 평을 받는 남자가 잠을 자다가 새벽 4시에 전화벨 소리 때문에 잠이 깨고 말았다.
"당신네 개가 짖는 소리 때문에 한잠도 못 자겠소."
전화를 받은 남자는 화를 낼까 하다가 오히려 전화 주셔서 고맙다고 인사한 후 전화 건 사람의 전화번호를 물어보고는 잘 적어 두었다.
다음날 새벽 4시, 그 사람은 어제 전화건 남자에게 전화를 걸었다.
"새벽에 누구야?"
그 남자가 화를 내며 전화를 받자
"선생님, 어제 새벽에 전화 받은 사람인 데요, 저희 집엔 개가 없습니다."

⟨11-23⟩

어느 명약

어느 중년 부인이 수심에 가득 찬 얼굴로 의사를 찾아와서 상담을 청했다.
"무슨 일로 오셨습니까?"

"선생님, 저는 더 이상 남편과 살기 어려울 것 같아요. 그 사람은 너무 신경질 적이고 말도 아주 함부로 하고 무엇이든 자기가 하고 싶은 대로만 하고 살아요."

그 말을 들은 의사는 잠깐 생각에 잠기더니

"오늘부터 집에 가셔서 남편이 퇴근해서 집에 돌아오면 그 즉시 보리차든 냉수든 물을 꼭 한 모금 드신 뒤 절대 그걸 삼키지 마시고 남편의 이야기가 다 끝나면 마시든 뱉든 하세요."

그 이야기를 듣고 그 부인은 좀 의아하기는 했지만 그대로 집에 돌아왔다.

그날 밤, 늦게 귀가한 남편은 평소처럼 아내에게 불평불만을 털어놓기 시작했다.

전 같으면 아내도 맞받아 싸웠겠지만 그날 밤엔 의사가 하라는 대로 입에 가득 물을 물고 아무 말도 안했다. 남편은 다소 이상하게 보았지만 부인은 물이 새지 않도록 입술을 무섭게 깨물었다. 그랬더니 혼자 떠들던 그 남편은 얼마 후 잠잠해졌다.

그렇게 더 이상 부부 사이가 악화되지 않고 하루가 지나갔다.

이렇게 남편이 화를 내는 기미만 보이면 아내는 맞서지 않고 물을 입에 물고 참자, 남편의 언행도 눈에 띄게 변했다.

드디어 그 집에는 차츰 부부싸움이란 게 사라지고 부부가 좋은 말만 서로 나누는 행복한 삶이 시작 되었다.

부인은 남편의 변한 태도에 너무 기뻐서 그 의사에게 감사의 인사를 하러 갔다.

"선생님, 그 물이 참 신기하던데요. 저에겐 아주 명약 이었어요."

부인이 이렇게 말하자 의사는

"신기할 것도 없고, 명약도 아닙니다. 당신이 남편에게 기적을 일으킨 것은 그 물이 아닙니다. 당신의 침묵입니다. 침묵은 금이라 하지 않습니까? 남편을 부드럽게 만든 것은 그 침묵의 힘과 이해입니다."

〈11-24〉
여자의 한탄

　망망대해를 항해하던 배가 난파되어 고작 남자 6명과 여자 1명이 구명보트를 타고 구사일생으로 살아남아 무인도에 상륙했다. 다행히 더운 여름이라 남자 6명이 합심 노력하여 엉성하게나마 나무와 풀로 대강 집을 만들어 살게 되었는데 남자들은 피로가 웬만큼 풀리자 하나뿐인 여자를 곱게 재우려 하지 않았다. 생각다 못해 여자의 제의로 1주일간 매일 1명의 남자와 교대로 잠자리를 같이하되 일요일은 쉬기로 합의를 했다.
　그런데 어느 날, 여자가 산꼭대기에 올라가서 먼 바다를 내다보며 혹시 자기들을 구조해줄 배가 오는지 살피고 있는데 웬걸 어떤 남자 혼자 뗏목을 타고 무인도로 접근해 오는 게 아닌가.
　여자가 한숨을 푹 내 쉬며 하는 말
　"제기랄, 이제는 일요일도 없겠구나."

⟨11-25⟩

한 번 상상해 봐라

대학생들 너 댓이 MT를 가서 무료하게 누워있는데 한 학생이
"너희들 심심하지? 내 이야기 하나 해 줄 게 마지막 내 질문에 정답을 맞춰봐."
그랬더니, 나머지 학생들이 좋다고 응했다. 그러자 그 학생이 문제를 냈다.
"남녀를 싣고 도로를 달리던 승용차가 갑자기 인적이 드문 숲 속으로 차를 돌리기 시작했다. 이윽고 차가 멈추고 남녀가 내렸다. 남자가 여자의 옷을 벗겼다. 급했던지 윗도리는 그냥 두고 바지부터 내렸다. 마침내 여자는 아무런 저항도 없이 제 스스로 팬티를 내리고 우선 쪼그려 앉았다. 잠시 후 여자가 남자에게 말했다. 자, 여기까지 이야기를 잘 들었지? 그 다음이 문제야, 과연 여자가 남자에게 잠시 후 뭐라고 했을까?"
학생 '가'; "끝났으면 가자!"
학생 '나'; "이런 숲속에서 뭔 짓이야?"
학생 '다'; "아빠, 나 쉬 다 했어!"
문제를 낸
학생이 깜짝 놀라며 정답을 발표했다. 정답은 학생'다'의 답변이라고.

⟨11-26⟩

말이 한 말

아주 다정한 암수 말 두 마리가 있었는데, 어느 날 암말이 죽었다. 상심한 숫말은 슬픈 표정으로 길을 걷고 있었는데 저 앞에서 걸어오던 친구 숫말이 자네 왜 그리 슬픈 표정을 짓고 있는가 하고 물으니까 숫말이 하는 말
"할 말이 없어."
그러면서 지나갔다. 계속 가다 보니까 저 앞에 말들이 무리지어 있다. 그걸 본 이 숫말은 이 번엔 빙그레 웃으며
"할 말이 많네."
했다. 그리고 나서 또 길을 가는데 이 번에는 정말 예쁜 말 한 마리가 보였다. 그러자 이 숫말은
"아까 내가 한 말은 말도 아니군."

⟨11-27⟩

갓을 쓴 양반

옛날 어느 고을에 조상 덕에 양반은 양반인데 게으른 탓에 공부를 전혀 하지 않아 아주 무식한 남자가 있었다.

어느 날 이 무식한 양반이 갓을 쓰고 뜰을 거닐고 있는데 새로 온 하인이 다가왔다.
"주인어른 이 편지에 무어라고 써 있는지 알 수가 없어서요."
하인은 허리를 굽신거리며 편지를 펼쳐 보였다.
"내가 그것을 어찌 아느냐?"
"아니 갓을 쓴 양반어른이 이 편지도 읽을 줄 모른단 말입니까?"
하인은 눈을 동그랗게 뜨고 말했다.
그 말을 들은 양반, 갑자기 갓을 벗으며
"그럼, 네가 이 갓을 쓰고 읽어봐라!"

〈11-28〉

뭐가 보여야죠

너무 엄격한 아버지가 있었다. 딸이 혼기가 다 되었는데도 아버지가 너무 엄격해서 도무지 남자 친구를 만날 수도 없고 더구나 집에 데리고 오는 것은 상상도 못할 일이었다.
"당신 때문에 우리 딸 시집도 못 가겠어요."
어머니는 딸이 30세가 넘자 남편을 탓하기 시작했다.
"당신이 정 그렇게 말하니 그럼 밤 9시 이내에 들어오는 조건으로 데이트인가 뭘 하라고 하쇼."
어느 날 아버지는 큰 선심성 발언을 했다.

"어머, 우리 아버지 최고다. 그럼 아버지, 제 남자 친구를 우리 집에 놀러 오라고 하고 부모님께 인사시킨 뒤에 제 방에서 놀다 9시 전에만 보내면 되죠?"

"글쎄?"

"여보, 같은 9시인데 그렇게 하라고 하세요. 괜히 나가서 싸다니는 것보다 낫죠."

어머니의 그 말을 듣고 아버지는 또 양보했다.

드디어 며칠 후에 딸애의 남자 친구가 집에 와서 인사도 하고 저녁 식사도 함께 했다. 그런데 그날 밤 11시가 돼도 딸은 그 남자 친구를 보내지 않는 게 아닌가.

거실에서 기다리던 아버지가 화가 나서 딸 방에 대고 딸을 불렀다.

아버지의 화난 목소리를 듣고 딸이 혼자 나왔다.

"아빠, 시간이 그렇게 늦은 줄 전혀 몰랐어요."

"무슨 소리야? 네 방에 커다란 벽시계가 걸려 있는데 시간을 몰랐다는 게 말이 되냐?"

그러자 딸이 하는 말

"하지만 아빠. 깜깜한 방에서는 시계가 보이지 않는 걸요."

〈11-29〉

고릴라도 이해하겠거

어느 중년부부가 동물원에 가서 고릴라를 구경하고 있었다.

이 부부는 너무 고릴라에게 몰두한 나머지, 고릴라가 제 거시기가 커지면 부인을 자꾸 쳐다보는 것을 깨닫지 못했다. 마침내 매우 흥분한 고릴라는 부부에게 접근하여 허술한 출입문 밖에 있는 부인을 우리 안으로 잡아끌더니 부인의 옷을 찢기 시작했다. 순간 갑자기 위기의식을 느낀 부인이 기겁을 하며

"여보, 당신이 좀 어떻게 해봐요."

그러자 그 남편은 태연하게

"당신이 평소에 내게 하는 말대로 사정해 보구려, 두통이 심해서 그거 할 기분이 아니라고. 그러면 아마 고릴라도 이해하겠지."

⟨11-30⟩

절호의 기회

어느 부인이 몸이 안 좋아 병원을 찾아가 진찰을 받았다.

의사는 환자에게 별 큰 병이 없어서 다음과 같이 평범한 주의 사항을 말했다.

"자, 내가 하는 이야기를 잊으면 안 됩니다. 규칙적으로 목욕을 하셔야 하고, 맑은 공기를 많이 마셔야 하고, 옷은 따뜻하게 입으셔야 하며, 쓸데없는 외출은 삼가하십시오."

그날 저녁 퇴근한 남편이 진찰 결과를 물었더니 부인이 한다는 소리

"의사가 그러는데요, 정말 조심해야 한 대요. 지중해에 가서 수영을 해야 하고, 알프스에 가서 휴양도 해야 하고, 겨울엔 겨울 코트도 장만하고 알라스카로 스키도 타러 가야 한 대요."

제12장 시인의 산고

요것도 질투를 하는구나 / 할머니의 답변 / 아내와 애인
아빠, 나는 안다 / 내 양말 먹었소? / 당신뿐이라
우리가 뭘 시끄럽나? / 낚시꾼의 답변 / 당신 애인 있지?
농구선수의 문제점 / 기생의 편견 / 이렇게 했습죠
자리 바꾸기 / 시인의 산고(産苦) / 독일 철학자
바람 넣는 비서 / 또 지옥에 왔잖아? / 멍멍 개
아내의 처방 / 3대 고스톱 / 예쁜 죄
자동으로 흔들어 / 배 위에 메모 / 기왕이면 벗고 오세요
낚시꾼 부부 / 지금은 계산 중 / 어머니의 팁
스타일, 그거 별거 아냐 / 부부의 메시지
고추 사이소 / 마귀는 지옥으로

⟨12-01⟩

요것도 질투를 하는구나

　옛날 어느 사하 촌(寺下村)에 사는 한 농군이 암말 한 마리를 가지고 있었으나 너무 가난하여 기를 자신이 없어서 평소에 잘 아는 그 마을 절의 중에게 그 말을 키우라고 맡겼다. 그런데 이 중도 돌팔이라 염불이나 수행에는 뜻이 없고 남의 사주 관상이나 운수를 봐주고 그 밖에 절에 오는 신도들의 보시로 살고 있었다. 게다가 아내도 없어 성(性)에 늘 굶주리고 살다보니 새로 들어온 암말에 은근히 성정을 느꼈다.
　돌팔이 중은 어느 날 밤, 암말 뒤에 가서 제 남근을 내놓고 음사를 시작했다. 암말도 싫지는 않은 지 그대로 서서 지그시 참고 있었다. 이렇게 한 번 음사를 이룬 중은 가끔 암말과 그 짓을 즐겼다. 그러나 이를 몰래 숨어서 본 젊은 사미승은 그 중을 너무 더럽고 괘씸하게 생각하며 혼자 분을 이기지 못하고 있었다.
　그런 어느 날, 중이 마침 며칠 걸린다며 출타를 하자 사미승은 이 때다 하고, 불에 달군 쇠꼬챙이로 암말의 음문을 지져 버렸다.
　며칠 후에 돌아온 중은 그것도 모르고 밤이 되자 다시 음사를 하려고 암말 뒤에 가서 수작을 했다. 그러나 순간, 말이 펄쩍 뛰면서 뒷다리로 중의 허리를 걷어차는 것이 아닌가. 말은, 또 자신의 음문을 지지는 것으로 알고 놀라 그리한 모양이었다.
　그러자 중은 아픈 허리를 문지르며 일어나더니 빙긋이 웃으며 중얼 거렸다.
"아니, 요것도 계집이라고 내가 며칠 동안 외박을 했더니 질투를 다 하는 구나."

⟨12-02⟩

할머니의 답변

시골로 가는 고속버스 안, 한 젊은이가 옆자리에 앉은 할머니에게 말을 걸었다.
이런 저런 이야기를 나누다가 나이 이야기가 나왔다. 젊은이가 물었다.
"할머니, 연세가 올해에 어떻게 되세요?"
"응?"
"할머니, 올해 몇 살 이시냐고요?"
"응, 주름살?"
"할머니, 농담도 잘 하시네요. 주민등록증은 있으세요?"
"주민등록증은 없고 대신 골다공증은 있어. 호호호."
"그럼, 건강은 어떠세요?"
"응, 유통기간이 벌써 지났어."

⟨12-03⟩

아내와 애인

변호사, 의사, 화가 이렇게 셋이 자리를 같이 했다.
화제가 아내와 애인의 장단점으로 모아졌다.
먼저 변호사가 말했다.
"나는 애인이 낫다고 봅니다. 마누라의 경우 이혼하면 법적문제들이 얼마나 골치 아픈데요."
이 번엔 의사가 이의를 달고 나왔다.
"당연히 마누라가 낫습니다. 안심할 수 있어 스트레스가 안 쌓이니까 건강에 좋습니다."
두 사람의 말을 듣고만 있던 화가가 말했다.
"두 분 다 틀렸어요. 둘 다 똑같이 있어야 합니다. 아내는 내가 애인이랑 지내고 있다고 생각하고, 애인은 내가 아내와 함께 있다고 생각하는 시간에 나는 그림을 마음 놓고 그릴 수 있거든요."

⟨12-04⟩

아빠, 나는 안다

어느 일요일 새벽녘에 부부는 한바탕 그 일을 잘 끝냈다. 그런데 그 집 남자는 일이 끝났는데도 팬티도 입지 않은 채 늦잠이 들었다.

날이 밝자 그의 아내는 부엌에서 아침을 준비하고 있는데 옆방에서 자던 유치원생 아들 녀석이 갑자기 안방에 들어오더니 아직 자고 있는 아빠의 이불 속으로 들어와 무조건 아빠를 끌어안았다. 그러자 나체인 아빠의 몸을 대뜸 느낄 수밖에. 깜짝 놀라 당황하는 제 아빠 옆에서 이 녀석 싱글벙글 하며 하는 말

"아빠, 난 아빠가 왜 벗고 있는 지 다 안다. 아빠가 오줌 쌌지? 그래서 엄마가 팬티 벗겼지?"

〈12-05〉

내 양말 먹었소?

신혼부부가 신혼여행을 가는데 부부가 각각 고민이 한 가지씩 있었다.

신랑은 평소에 발 냄새가 심하게 나는 사람이었고, 신부는 늘 입 냄새 때문에 고민이 많았다. 두 사람은 비행기에서 내려 택시를 타고 가면서 각자 호텔 방에 들어가는 즉시 화장실에 들러 신랑은 발부터 닦을 생각을 했고, 신부는 양치질부터 해야겠다고 마음먹고 있었다.

드디어 두 사람이 호텔 방에 들어섰는데 신랑이 잽싸게 양말부터 벗고는 화장실에 들어가 발을 씻고 있었다. 신부는 한발 늦었지만

신랑이 나온 후에 이를 닦지 하고 침대에 걸터앉아 있었다.

그런데 신랑이 화장실에서 나오자마자 두 팔을 벌려 신부를 끌어안더니 순식간에 침대 위에 눕히고는 대뜸 키스부터 시작하는 게 아닌가.

그런데 그때 아내의 입 냄새가 너무 지독했다. 그 냄새를 맡고 신랑이 하는 말

"아니? 당신 내가 벗어놓은 양말 씹어 먹었소?"

〈12-06〉

당신뿐이라

결혼한 지 몇 년이 지나자 남편은 자기 부인에게 늘 궁금한 일이 하나가 있어 그걸 알고 싶었다.

어느 날 남편은 작심을 하고 부인에게 물었다.

"당신, 내가 듣기로는 당신이 처녀 때 선을 꼭 열 두 번이나 보고 나서 나를 택했다는데 그게 사실이오? 그렇게 맘에 드는 사람이 없었소? 도대체 나의 어떤 점이 좋아 나랑 결혼을 한 거요?"

이 말을 들은 그의 아내가 빙그레 웃으며 말했다.

"좋기는 무슨…, 열두 번 선을 보기는 봤는데 나와 결혼 하겠다는 총각은 하나도 없었고, 당신만 나와의 결혼을 반대는 안했으니까."

⟨12-07⟩

우리가 뭘 시끄럽나?

결혼한 지 한 5년이 되자 아이들이 남매나 되었다. 남편이 사업에 실패하자 부부는 도리 없이 셋방살이로 지낼 수밖에 없었다.

부부가 함께 셋방을 얻으려고 갔으나 가는 집마다 아이들이 있으면 시끄러워 방을 줄 수 없다고 했다.

그러면서 집 주인이 하는 말

"신혼부부라면 오늘 당장 계약해도 좋은데요."

했다. 그 집을 나오면서 남편이 아내에게 하는 말

"우리가 시끄럽냐? 신혼부부가 더 시끄럽지."

⟨12-08⟩

낚시꾼의 답변

꽤 큰 연못에서 한 젊은이가 낚시질을 하고 있었다.

이를 본 연못 주인이 다가가서 물었다.

"고기가 잘 잡힙니까?"

"오늘은 영 잡히지 않습니다. 어제는 50마리나 잡았는데요."

"어제 50마리나 잡았다고요? 내가 누군지 아시오?"

"내가 어떻게 압니까?"

"내가 바로 이 연못 주인이오. 그러니 고기값을 내시오!"

"그럼 내가 누군지 아십니까?"

"모르죠."

"나는 거짓말 잘 하기로 유명한 사람입니다."

⟨12-09⟩

당신 애인 있지?

구의원에 출마했다가 낙선한 한 후보자가 집에 들어왔다.

풀이 죽어있는 남편에게 아내가 물었다.

"내 이럴 줄 알고 나도 당신 안 찍었는데 도대체 당신 몇 표나 얻었어요?"

"딱 두 표 얻었다오."

그러자 아내는 남편을 마구 때리기 시작했다.

"낙선한 것도 억울한데 왜 이리 때리는 거요?"

아내가 몹시 화난 얼굴로 말했다.

"당신 이 구 안에 애인 있지?"

⟨12-10⟩

농구선수의 문제점

어느 방송국에서 기혼여성을 대상으로 스포츠 선수 중에서 가장 인기도가 낮은 종목의 선수가 어느 종목인가 하고 물었더니 이상하게 농구선수가 최하위로 나왔다.

하여 어느 리포터가 한 농구선수 부인과 직접 인터뷰를 해 보았다.

"농구선수와 결혼하셨는데 부부 관계가 행복하고 현재 만족하고 계십니까?"

"남들이야 내 속을 어찌 알겠습니까? 누가 농구선수 아니랄까봐 잠자리에서도 그 30초 룰인가 뭘 꼭 지키지 뭡니까. 글쎄 난 아직 시작도 안 했는데 그이는 미리 확 쏘아 버리니 난 어떻게 살아요?"

⟨12-11⟩

기생의 편견

잘 알지도 못하면서 괜히 아는 체 잘 하는 기생이 있었다.

어느 날 시골 선비가 찾아와 함께 좋은 밤을 갖고자 하니까 그건 급할 게 없고 우선 제 질문부터 대답해 보라고 깔보며 말했다.

마음이 넉넉한 선비는 그런대로 참으며, 문제를 내 보라고 했다.

"저, 소나무는 왜 오래 사는지 아시나요?"

"모르네."

"그럼 학은 왜 잘 우는지 아시나요?"

"모르네."

"원 저런, 그럼 길 가에 나무가 떡 버티고 서 있는 이유도 모르십니까?"

"그것도 모르네."

그러자 기생의 콧대는 점점 더 높아졌다.

"그럼 제가 일러드리지요. 소나무가 오래 사는 것은 그 속이 단단한 까닭이고, 학이 잘 우는 까닭은 그 목이 길어서입니다. 그리고 길가의 나무가 버티고 서 있는 것은 지나가는 사람들의 눈을 끌기 위해서이죠. 아시겠어요?"

그 얘기를 듣고 난 시골 선비가 웃으면서 물었다.

"하하, 그래 소나무는 속이 단단해서 오래 산다고 했는데, 그럼 대나무는 속이 비었는데도 왜 오래 살고 사철 푸르기만 한가? 또, 학은 목이 길어서 잘 운다고 했는데, 그럼 개구리는 목이 짧은데도 왜 잘 울기만 하지? 그리고 조금 전에 보니 자네 어머니가 문간에 떡 버티고 서 있더군, 그것도 지나가는 사람들의 눈을 끌려고 그러는 거로군."

그 말을 듣더니 그 기생 대뜸 풀이 죽더니

"선비어른, 밤이 짧으옵니다. 어서 옷이나 벗으시지요."

⟨12-12⟩

이렇게 했습죠

    옛날 젊은 선비 하나가 서당에 가려고 집을 나와 우물가를 지나는데, 마침 양반집 종년이 혼자 찔끔찔끔 울고 서 있었다. 선비는 낯익은 종년이라 가여운 생각이 들어 물었다.
    "왜 울고 있느냐?"
    과년한 종년은 농익은 풋과일처럼 싱싱해 보였다.
    종년은 짐짓 몸을 꼬면서 대답했다.
    "글쎄 서방님, 머슴 돌쇠가…."
    "그래, 돌쇠 녀석이 널 어떻게 했니? 너를 가만 안둔 모양이로구나. 자세히 말해보아라."
    "돌쇠가 뒷산 참나무 숲 옆의 헛간으로 저를 데리고 가서…."
    "저런, 고얀 놈 같으니라고. 그 다음은 어찌 하더냐?"
    "별안간 저를 자빠뜨리고는…."
    선비는 종년의 말이 끝나기가 무섭게 종년을 낚아채 안으며 물었다.
    "껴안더란 말이지? 이렇게."
    "아뇨, 더 심하게…."
    "그럼, 치마 밑에다 손이라도 넣었단 말이냐?"
    "아뇨, 더 심한 짓을요."
    "으음, 그럼 이렇게 했느냐?"

선비가 속옷 밑으로 손을 집어넣고 그곳을 움켜쥐며 물었다.
"네…."
"그래, 넌 가만히 당하고만 있었단 말이냐?"
"아뇨!"
"그럼, 어떻게 했니?"
"이렇게 했습죠. 야! 이 새끼야 너 어딜 만져?!"
그러면서 종년은 선비의 뺨을 힘껏 후려 갈겼다.

〈12-13〉

자리 바꾸기

모녀가 영화관에 갔다.
한참 영화에 빠져 있는데 딸이 엄마의 귀에 대고 소곤거렸다.
"엄마, 아까부터 어떤 아저씨가 자꾸 내 허벅지를 만져."
그러자 엄마도 조용히 딸에게 속삭였다.
"그래? 그럼 나랑 자리를 바꾸자!"

⟨12-14⟩

시인의 산고(産苦)

어떤 시인이 새로운 시를 한편 쓰겠다고 책상 앞에 앉아 고민했다. 그러자 그의 아내가 위로의 말을 했다.
"당신 시를 쓰기 위해 애를 쓰는걸 보니 출산의 고통과 같군요. 정말 당신이 좋은 문학 작품을 창작하기 위해 산고를 치르는 것은 내가 애를 나을 때와 똑같아요."
그러자 남편이 정색을 하며 말했다.
"무슨 소리를 하는 거요? 그래도 산모들은 애 낳기 전에 재미라도 한 바탕 보지 않소?"

⟨12-15⟩

독일 철학자

어느 여고생 시험에 독일의 철학자를 맞추는 주관식 문제가 출제되었다. 경희는 우등생 효은이의 답안지를 커닝했다. 효은이가 적은 답은 '니체'였다. 그러나 경희가 곁눈질해 보기엔 '나체'로 보였다. 경희는 같은 답을 쓰면 커닝 했다는 의심을 받을까봐 '누드'라고 썼다. 경희 뒤에 앉아 있던 명희는 경희 답안지를 커닝했다. 그런데 명희는 경희와 똑같이 쓰기는 좀 그래서 기발한 아이디어를 내어 적었다. 명희의 답은 '알몸'이었다.

〈12-16〉

바람 넣는 비서

맞벌이 부부가 아들을 하나 두었다. 아들이 유치원에 다니자 아들을 옆방에서 혼자 자게하고 부부는 안방을 썼다. 그들 부부는 그런대로 금슬이 좋아 거의 밤마다 성 관계를 가졌다. 아들은 가끔 안방에서 들리는 쿵쿵 소리가 너무 이상했다.

하루는 아빠가 먼저 출근한 뒤 출근 준비를 하고 있는 엄마에게 아들이 물었다.

"밤만 되면 엄마 방에서 이상한 소리가 들려, 그게 무슨 소리야?"

갑자기 질문을 받은 엄마는 속으로 놀라며 대충 둘러댔다.

"아, 그건 아빠가 살이 너무 찌는 것 같아 엄마가 운동을 시키는 거야, 엄마가 아빠 배를 발로 밟아서 바람을 빼주지."

그러자 아들이 고개를 갸우뚱 하며 말했다.

"그래? 근데 그거 별로 소용없을 걸?"

"왜?"

"아빠 여자 비서가 엄마 없을 때 가끔 집에 와서 아빠 고추에다 입을 대고 바람을 불어 넣던데?"

⟨12-17⟩

또 지옥에 왔잖아?

큰 교통사고를 당한 뒤 가까스로 깨어나 정신을 차린 남편이 주위를 돌아보며 옆에 있는 여자(아내)를 보고 물었다.
"여기가 어디요?"
"어딘 어디요, 병원이죠."
"병원? 병원 아닌 것 같은데."
"여보, 당신 정신 차려요. 당신 사지를 헤매다가 이제 겨우 살아났는데 무슨 소리를 하시는 거요?"
"그럼 당신은 누구요?"
"누군 누구요, 당신 아내죠."
"응, 내가 또 지옥에 왔나봐."
"아니, 웬 지옥?"
"당신이 또 내 옆에 있잖아."

⟨12-18⟩

멍멍 개

옛날 어느 시골에 이월이란 여종이 있었는데 그 미모가 반반해서 선비들에게도 성정을 돋게 했다. 그런 이월이를 노리고 있던 그 집 선비가 종들이 잠든 틈에 내실에 들어가 이월이의 이불 속으로 기어 들어 갔다. 그러나 이월이는 아직 남자를 한 번도 겪어보지 못한 숫처녀인데다가 설마 주인 댁 선비가 자기 이불까지 들추며 들어 올 리는 없을 것으로 판단하고

"에그머니나, 이게 무슨 짐승인가?"

하고 엉겁결에 선비의 머리를 주먹으로 세게 내려치니 선비는 너무 아파 재미도 못보고 내실에서 뛰어 나온 뒤 마당에 나오자 혹 누가 볼까봐 엉금엉금 기어 자기 방 쪽으로 향했다. 그때 마침 뒷간에서 소변을 보고 나오던 한 남자 종이 마당을 가로지르며 기어가는 선비를 개로 오인하고

"멍멍!"

하며 개가 짖는 소리를 내자 선비도 기왕 짐승 소리를 들었겠다,

"멍멍!"

개소리로 화답하고 정신없이 기었다.

⟨12-19⟩

아내의 처방

남편이 중병에 걸렸다. 아내는 병원에 가서 의사에게 진찰을 의뢰했다. 진찰을 끝낸 의사가 환자는 나가 있고 보호자인 아내만 들어

오라고 했다.

그의 아내가 들어가자 의사가 심각하게 말했다.

"이 환자는 특이한 증상이므로 부인께서는 밤마다 섹스를 해주시고요, 매일 고기와 과일 등 맛있는 음식을 대접 하시며, 아주 웃는 낯으로 늘 칭찬을 해 주시면 곧 좋아질 겁니다."

했다. 아내는 아무 말 않고 진찰실을 나왔다.

"의사가 뭐라고 했어?"

"집에 가서 말할 게."

기운이 빠져 집에 돌아 온 아내에게 남편은 다시 물었다.

"의사가 정말 뭐라고 했는데 당신 그렇게 기운이 없어?"

그러자 아내가 심드렁하게 대답했다.

"당신, 곧 죽는대."

〈12-20〉

3대 고스톱

명절 때 할아버지, 아버지, 그리고 아들 이렇게 3대가 고스톱을 치게 되었다.

그런데 그 중에서 실력이 딸린 아들 녀석이 돈을 가장 많이 잃자 은근히 화가 치밀어

"할아버지, 내 돈 얼마 땄어?"

하고 묻자 할아버지 빙그레 웃으며
"에이, 내가 어떻게 손자 돈을 따냐?"
했다. 이 번엔 제 아버지를 보며
"그럼 아버지가 내 돈 다 땄구나."
하자 아버지도 고개를 흔들며
"아냐, 난 본전이다."
했다. 그러자 아들 놈 하는 말
"아니, 그럼 어떤 개새끼가 내 돈 땄어?"

〈12-21〉

예쁜 죄

두 친구가 술을 마시다 한 친구가 말했다.
"야. 마누라가 제일 좋아하는 죄가 뭔지 알아? 그건 바로 '예쁜 죄' 라는 거야. 어제 우리 마누라 보고 내가 '예쁜 게 죄라면 당신은 사형감이야.'라고 말해 주었더니 무지무지 좋아하더라."
"오, 그거 좋은 생각이군. 나도 오늘 집에 가서 써 먹어야지."
그리고 두 사람은 술이 거나해서 헤어진 뒤, 그 이야기를 들은 남자가 집에 와서 아내를 불렀다.
"여보, 예쁜 게 죄라면 말야…"
거기까지 말해놓고 문득 생각해 보니 아무리 취중이지만 '사형'이

라는 소리가 너무 가혹하다 싶어 말을 바꾸어 한다는 말이
"예쁜 게 죄라면, 당신은 무죄여!"
했다. 그러자 그 말을 들은 그의 아내가 남편의 뺨을 후려갈기며
"그러니까 난 못 생겼다 그 말이지, 이 개 새기야!"

〈12-22〉

자동으로 흔들어

어느 경로당서 서로 눈이 맞아 애인이 된 할아버지와 할머니가 있었다.
그런데 얼마 후에 보니 할아버지가 다른 할머니와 바람을 피우는 게 분명 했다.
할머니가 화가 나서 따졌다.
"영감, 나를 두고 그럴 수 있어?"
"미안해, 그런데 임자보다 그 쪽이 나한테 더 잘 해주는 걸 어떡해."
"보아하니 수전증도 있는 년이던데 뭘 잘 해 준다는 거야?"
"글쎄 말야, 그런데 임자는 내 거시기를 그냥 만져만 주는데 그 쪽은 잡기만 하면 자동으로 흔들어 주는데 아주 미치겠어."

⟨12-23⟩

배 위에 메모

　도무지 진급을 못하는 만년 강 과장이 직원들과 술을 마시기 시작했다. 그는 술을 입에 댔다하면 아예 끝장을 보는 성미였다.
　"야, 너희들 오늘 밤에 나 확실히 책임질 수 있지?"
　그러자 부하 직원들이 외쳤다.
　"그럼요, 과장님. 걱정 마세요. 저희들만 믿으세요."
　결국 강 과장은 3차까지 가서 술을 마시다 과음으로 잠이 들었다.
　그러나 강 과장의 집을 아는 부하는 하나도 없었다.
　다음날 아침, 강 과장은 너무 추워 눈을 떴다.
　그런데 골목길 한가운데 자신이 누워 있는 게 아닌가?
　그리고 그의 배 위에는 이런 메모가 놓여 있었다.
　"밟지 마시오!"

⟨12-24⟩

기왕이면 벗고 오세요

　날씨가 영하 십여 도로 무척 추었다. 그래도 부인은 주말이고 해서 목욕탕엘 갔다.

집에 와보니 목욕그릇 속에 든 수건이 빳빳하게 얼어 있었다.
그런데 아내가 목욕을 하고 온 걸 본 남편도 대뜸 목욕을 가겠다고 목욕 준비물을 챙겼다.
그러자 그의 아내가 순간 뭔가가 머리에 떠올랐다.
"여보, 당신도 목욕 가시죠?"
"그래, 왜?"
"그럼 기왕이면 돌아올 때 아랫도리는 벗고 오세요."

〈12-25〉
낚시꾼 부부

낚시를 무척 좋아하는 처녀 총각이 서로 눈이 맞아 결혼을 하게 되었다.
두 사람은 곧 신혼여행을 떠났고, 드디어 첫날밤의 큰 행사를 눈앞에 두고 다소곳이 침대 위에 누워 있었다.
그런데 이상한 일이었다. 나란히 침대 위에 누운 신랑이 한참이 지나도록 꼼짝도 않고 누워만 있는 게 아닌가.
몸이 달아오를 대로 달아오른 신부가 참다못해 신랑에게 물었다.
"아니, 당신 어째서 입질이 없는 거죠?"
그러자 신랑이 이렇게 대꾸를 했다.
"글쎄, 어두워서 그런지 도무지 미끼가 보여야 말이지."

〈12-26〉

지금은 계산 중

　다세대 주택을 지어 방을 세 놓아 사는 집주인 남자가 어떤 아가씨에게 2층 방을 세 놓았는데 월세를 내지 않아 방세 받을 날이 되어 방 앞에 가보니 세탁소 주인이 문 앞에 서 있었다.
　집 주인이 물었다.
　"웬일이세요?"
　"여기 아가씨에게 밀린 세탁 비를 받으러 왔는데 한 30분 정도 문 앞에서 기다리라는 데요."
　그 말을 듣고 집 주인이 아가씨 방문을 녹크하며 말했다.
　"나 집 주인인데 이 달 방값을 받으러 왔거든요."
　그러자 방안에 있는 아가씨가 섹시한 목소리로 말했다.
　"음, 1시간 쯤 후에 와 주실래요? 지금은 식당 아저씨와 밥값 계산중인데, 그 후엔 세탁비도 내야 하는데…"

〈12-27〉

어머니의 힘

　연로한 아버지가 어느 날 무얼 찾다가 아들의 책상 서랍에서 웬 하늘색 약 알을 발견했다.

"얘야, 이 약은 어디에 먹는 약이냐?"

아버지가 소리를 지르자 아들이 나타나서 등 뒤에서 약을 보더니

"아버지는 참, 아 비아그라도 모르세요?"

그때야 아버지가

"음, 이 약 먹으면 효과가 있니? 애비도 한 알만 먹어보자!"

"이 약 무지 비싸요. 한 알에 10달러 주셔야 해요."

"알았다, 이 녀석아."

이튿날 아침, 아들 책상 위에 웬 돈이 110달러나 놓여 있었다.

"아버지 이거 웬 돈입니까?"

"그거? 10달러는 애비가 주는 거고, 100달러는 네 에미가 주는 팁이라더라."

〈12-28〉

스타일, 그거 별거 아냐

바람기 깨나 있는 여자 둘이 마주 앉아 서로 잘났다고 남성 편력(?) 자랑을 했다.

그 중 한 여자가 가소롭다는 듯 다른 여자에게 말했다.

"얘, 넌 언제나 정상체위로만 한다며?"

"왜, 그게 어때서?"

그러자 먼저 입을 연 그 여자가 다시 공격을 했다.

"얘, 그게 무슨 재미니? 역시 섹스는 체위, 곧 스타일을 여러 가지로 바꾸면서 즐겨야 신선한 맛이 있는 거 아니니?"

그러나 듣고 있던 풋내기 같은 여자가 빙그레 웃으며 이렇게 말했다.

"음, 스타일? 그거 별거 아냐. 스타일이야 항상 같더라도 남자를 매일 바꾸는 게 훨씬 신선하거든."

〈12-29〉

부부의 메시지

어떤 주부가 외국여행을 떠나면서 그 집 냉장고에 다음과 같은 메시지를 붙여 놓고 갔다.

≪까불지 마라≫

남편은 같은 동네로 시집 간 딸을 불러 이게 무슨 뜻이냐고 물었다. 딸이 어머니가 풀어준 대로 말했다.

"까스 조심하고, 불조심 하고, 지퍼 조심하고, 마누라는 걱정 말고, 라면이나 끓여 먹고 있어라. 라고 하시던 데요."

그것을 알게 된 남편은 그 옆자리에

≪웃기지 마라≫

라는 메시지를 붙여 놓고 그도 여행을 가겠다며 집을 나갔다.

외국여행에서 돌아온 그 주부가 내내 딸을 불러 물었다. 딸이 아버지가 풀어준 대로 말했다.

"웃음이 절로 난다, 기뻐 죽겠다. 지퍼는 내 자유다, 마누라는 오든지 말든지, 라면 대신 일품요리만 사먹을 꺼다. 라고 하시던데요"

〈12-30〉

고추 사이소

어느 깊은 산골에 혼자 된 과부와 그의 시숙 내외가 살고 있었다. 시숙은 어려운 제수를 돕기도 할 겸 제수와 함께 특수작물인 고추농사를 짓기 시작했다. 교통이 불편한 시골이라 고추를 시장에 내다 팔려면 항상 시숙과 제수는 함께 트럭에 짐을 싣고, 운전은 시숙이 했다. 하루는 고추를 팔러 5일장에 갔다. 시장이 다 끝날 무렵, 제수의 고추는 다 팔렸는데 아직 시숙의 고추는 많이 남아 있었다. 날이 저물자 걱정이 된 제수가 시숙의 고추가 쌓인 좌판에 옮겨와서 고추를 팔기 시작하는데 급한 김에 그 목소리도 무척 크거니와 그 내용도 너무 웃겼다.

"우리 시숙 고추 사이소!"
"우리 시숙 고추는 아주 크고 좋아 예!"
"우리 시숙 고추는 살도 많고 달고 맛있어 예!"
"우리 시숙 고추 사이소!"

⟨12-31⟩

마귀는 지옥으로

아주 무더운 여름날이었다. 신부와 수녀가 산길을 걸어가고 있는데 땀이 비 오듯 했다. 한 참을 더 가다 보니 시원하게 물이 흐르는 계곡을 발견했다.

"우리 저기 가서 좀 닦고 갈까?"

신부가 제안하자 수녀도 좋다고 했다. 두 사람은 계곡에 내려가서 아예 옷을 다 벗고 물속으로 들어갔다. 신부와 수녀는 서로 닦아주기로 했다. 그러나 수녀가 신부를 닦아주고 있을 때 그만 신부의 그것이 서 버리고 말았다.

수녀가 물었다.

"이게 왜 이래요?"

그러자 신부는 이게 마귀가 되어 그렇다고 했다. 이제 신부의 차례가 되었다.

신부는 수녀를 닦아주다가 수녀의 그곳을 손으로 스치다 물었다.

"이곳은 어디입니까"

그러자 수녀는 이곳이 지옥이라고 했다.

두 사람은 이제 서로 상의할 수밖에 없었다.

"마귀란 놈을 어디로 보낼까요?"

"그야 당연히 지옥으로 보내야지요."

뜨겁게 달아오른 두 사람은 마침내 크게 함께 외쳤다.

"마귀는 지옥으로!"
그러고 나서 둘은 결국 하나가 되었다.

초판 인쇄   2017년 7월 29일
초판 발행   2017년 8월 03일

지은이 김하하
발행인 임수홍
편 집 안영임
디자인 맹신형

발행처   도서출판 국보
주 소   서울 강동구 양재대로 114길 32 2층
전 화   02-476-2757~8   FAX 02-475-2759
카 페   http://cafe.daum.net/lsh19577
홈페이지 http://www.korea-news.kr/
E-mail kbmh11@hanmail.net

값 15,000원

ISBN 979-11-86487-81-5

· 저자와의 협약에 의해 인지는 생략합니다.
· 이 책의 글은 저작권법에 따라 보호를 받는 저작물이므로 저자와 출판사의 동의 없이는 무단 전재 및 무단 복제를 금합니다.

· 잘못된 책은 바꾸어드립니다.

「이 도서의 국립중앙도서관 출판예정도서목록(CIP)은 서지정보유통지원시스템 홈페이지(http://seoji.nl.go.kr)와 국가자료공동목록시스템(http://www.nl.go.kr/kolisnet)에서 이용하실 수 있습니다.(CIP제어번호: CIP2017017736)」